INSOLENCES

DE

LA CENSURE.

PARIS. — IMPRIMERIE DE FAIN, RUE RACINE, N. 4,
PLACE DE L'ODÉON.

INSOLENCES

DE LA CENSURE,

ET

CONSIDÉRATIONS

SUR LA POLITIQUE EN GÉNÉRALE

DU MINISTÈRE.

PAR

N.-A. DE SALVANDY.

<hr>

PARIS.

A. SAUTELET ET Cᵉ., LIBRAIRES,

PLACE DE LA BOURSE.

1827.

INSOLENCES

DE LA CENSURE.

Le moment qui s'écoule a quelque chose de solennel. La France et le monde sont dans l'attente. Au Midi, en Orient, au delà de l'Atlantique, parmi nous, de grands événemens se préparent; on croit toucher au terme de longues incertitudes; il semble qu'une solution doive être bientôt donnée à toutes les questions immenses auxquelles tiennent les destins de plusieurs peuples; et cependant le drame qui remplit la scène du monde n'est point fait pour avoir de dénoûment. Il varie, il mûrit sans cesse, et ne saurait se conclure plus que s'interrompre. Nous marchons, par un progrès éternel, sous d'immuables lois. C'est à peine si ceux qui prétendent tout arrêter peuvent, avec leurs passions et leurs entreprises ennemies, jeter un grain de sable sous les roues de ce char que la main de la Providence a lancé. Le conduire, le défendre des chocs qui gênent sa marche peut-être, mais ne la suspendent pas, c'est l'unique puissance et l'unique gloire qui soit donnée aux plus sages, aux mieux inspirés d'entre nous.

L'Amérique espagnole, qui a si long-temps vécu en quelque sorte de la vie d'un seul homme, attend, avec anxiété, ce qu'il va faire de ses maximes, de ses promesses et de sa renommée. D'autres chances tiennent l'Europe en suspens. Le Portugal attend sa réaction despotique et monacale, qui ne fera que passer. On ne sait pas bien ce que l'Espagne attend : mais à coup sûr ce n'est pas aux agraviados et à la Camarilla, dans leurs assauts ou dans leurs transactions, qu'est réservé l'honneur de trouver la fin des misères sanglantes de la Péninsule. La Grèce attend sa délivrance. Incertaine de son avenir, mais sûre d'échapper enfin au joug des Barbares, elle s'apprête à recommencer, après trois mille ans, une nouvelle vie. La France attend aussi l'heure où elle sera délivrée de ses Barbares, et les voilà qui s'apprêtent à la flatter d'une abdication d'un jour pour régner plus sûrement et plus long-temps sur elle.

Le ministère veut, après tant d'années de demi-mesures sans courage, de ruses et d'improbités sans génie, tâter enfin de l'audace et de la grandeur. Il travaille décidément au salut de la Grèce ; il médite la destruction d'Alger ; il réserve à la Chambre des Pairs à peu près le même sort qu'à la capitale des Barbaresques, et la dissolution de la Chambre des Députés est résolue.

L'affaire de la Grèce ne mérite que des éloges. Le cabinet de France a osé se séparer de M. de Metternich ; il a osé se réunir à l'Angleterre, conciliant ainsi, dans l'intérêt de la paix du monde, les vues contraires de l'Angleterre et de la Russie. On verra qu'il a aussi concilié le vœu de la politique et celui de l'humanité. Sa résolution n'est pas seulement généreuse, elle est habile : car la Grèce devra son salut aux trois puissances ; une seule l'aurait accompli.

Que, ne pouvant dompter Alger, et poussé à bout par les justes railleries de l'opposition, M. de Villèle

ait eu la pensée d'envoyer une armée de terre sup-
pléer notre marine, et renverser de fond en comble
le repaire des brigands; que le chef de cette expédi-
dition soit même déjà nommé, on le conçoit. M. de
Damas a dû accueillir une entreprise où il refera sa
gloire, et M. de Clermont-Tonnerre comptera y com-
mencer la sienne. Les échasses qu'il a données à nos
soldats feront merveille dans les déserts africains.
Mais la sagesse conseille de ne pas dépenser des hommes et des trésors en pure perte. Saccager les rivages
de la Mauritanie n'est pas un exploit digne de nos
armes; il y a un plan et plus noble et plus vaste à
former. Ce serait une utile gloire que de rendre à la
civilisation les bords où fleurit Carthage; et sans doute
M. l'évêque d'Hermopolis se croira tenu à demander
autre chose que des ravages pour le berceau de l'é-
vêque d'Hippone. Mais ce sont là des pensées qui veulent de la maturité. Calculer toutes les chances,
combiner tous les moyens, n'est pas l'œuvre d'un
jour. Espérons que l'hiver calmera ces transports.

Pourquoi ne peut-on espérer aussi que le coup
dont la pairie est menacée demeurera suspendu?
Mais, non. Cette institution avait poussé des racines
profondes. Triomphant de nos principes et de nos
préjugés par ses bienfaits, elle avait rendu populaires
les priviléges qui la constituent. Elle avait puisé un
vaste crédit aux seules sources de la puissance, la
sympathie et l'estime publiques. Boulevart du trône
il y a quelques années, elle acquérait le droit et la
force de le défendre encore, en devenant le boulevart
des libertés publiques. Elle était, par sa dignité, par
son pouvoir, par sa sagesse, par sa renommée, un
point d'appui auquel se ralliaient tous les bons es-

prits et toutes les espérances légitimes; c'était un ancre de salut pour la monarchie. Grâces à ce grand corps, la France, dans ses douleurs, avait encore foi dans l'avenir. Les révolutions ne lui apparaissaient pas comme le terme inévitable des expériences tentées sur elle. La conscience publique attendait toujours des voies légales les réparations qui lui étaient dues. Et c'est la royauté, dont la puissance va être employée, par les grands coupables qui siégent dans ses conseils, à briser le noble rempart de la paix publique! C'est le trône, dont les foudres vont porter sur cette digue opposée à toutes les folies des factions contraires! Ce prestige protecteur va être détruit! Cette haute indépendance, qui était l'honneur et la force de la pairie, va être punie et insultée, ou plutôt la pairie même va cesser d'être; car, du moment qu'elle cesse d'être indépendante et inviolable, la première des magistratures n'est plus.

Maintenant, veut-on savoir pourquoi ce coup de massue aura été porté à la restauration et à la France par les dépositaires de leurs destinées? Le voici : Il est une institution qui doit rester sans rivale; c'est la Société de Jésus. Il est un homme qui doit régner sans contradiction et sans obstacle : c'est le comte de Villèle.

Pour ces deux grands intérêts, sont rendus tous les combats auxquels nous assistons. Toutes nos institutions et toutes nos lois doivent l'une après l'autre tomber, pour laisser debout les deux colosses. Il semble que ce soit comme un chapelet qu'on déroule, *ad majorem Dei gloriam*, pour la plus grande gloire de Dieu.

Le coup d'état frappé sur la Chambre haute, révèle

assez l'esprit dans lequel est conçue la dissolution de la Chambre. Ce n'est point une concession à une longue doléance du pays ; c'est une tentative pour faire, au nom des mêmes intérêts et des mêmes violences, un nouveau bail avec la fortune. On a résolu d'épuiser tout entière la chance de la réaction qui nous tourmente, de la pousser à ses extrêmes, de voir si par hasard Dieu n'aurait pas mis un terme à ce que tout un peuple peut souffrir d'humiliations et de misères. Napoléon demandait trente ans encore pour compléter sa monarchie. Il n'en faut que sept à M. de Villèle pour ourdir la sienne: les lui refuserons-nous ?

On aimerait à savoir si, dans sa docilité pour la coterie qui le gouverne aussi absolument que lui-même gouverne le royaume, ce ministre a jamais songé à porter ses regards en avant ; s'il s'est jamais demandé ce que deviendra notre France en ses mains puissantes. On ne peut exiger ce travail de sa prudence ; on pourrait l'attendre de sa curiosité.

L'homme d'état est celui qui, embrassant l'avenir dans sa pensée, a un but fixe, et y tend toujours, à pas plus ou moins pressés, selon que le destin lui est plus ou moins contraire. Il sait exactement ce que sa patrie deviendra, si le ciel lui prête vie. Il porte tracés d'avance, dans l'esprit et dans le cœur, tous les plans que dans la suite de son pouvoir il déroulera pour assurer et affermir la prospérité publique. Celui-là n'est pas digne de mettre la main au gouvernail, qui, interrogé sur ce qu'il veut pour ses concitoyens, ne pourrait pas dire : Dieu aidant, telles seraient leurs institutions, telle serait leur fortune tel jour.

Ce que veut M. de Villèle, demandez-le à ses œuvres. Maître depuis six années de notre France comme jamais homme ne fut maître de tout un peuple, qu'a-t-il fait, qu'a-t-il voulu du moins? Il n'a rien fait que détruire, il n'a rien tenté que corrompre. Le 4 pour 100 est sa seule création ; car, pour ce qui est de l'hypocrisie, de l'agiotage, des mensonges électoraux, des larcins de droits politiques, de la censure; ce sont ses appuis, et non pas ses inventions. Il n'a rien découvert, rien fondé, rien conçu. Il a mené la France comme il a mené l'Espagne, au jour le jour, au gré des vents, sans souci du lendemain. Il ne sait pas plus ce que la restauration française serait dans cent ans de son empire, qu'il ne savait quels destins le coup de canon de la Bidassoa promettait à la Péninsule, quand il accepta de l'étranger la tutelle d'un royaume de plus. De toute son administration, une seule chose ressort : une haine profonde et native, une haine d'instinct pour ces institutions généreuses contre lesquelles il protesta. Les saper, les détruire, n'en garder que le milliard qu'elles enfantent chaque année, voilà toute son ambition et tous ses vœux. Mais ce qu'il mettrait à la place de la Charte abolie, les institutions nouvelles qu'il nous donnerait, ce sont là des choses qui passent sa portée. La preuve, c'est que de quelque côté qu'on porte les regards, on voit les ruines qui sont son ouvrage. Où voyez-vous une pierre d'attente?

On peut comprendre bien des manières de gouverner la France dans les limites de la monarchie constitutionnelle ; car entre les hommes qui ne veulent point du système représentatif, et ceux qui ne veulent pas de la royauté, il y a place pour dix ministères. M. de Villèle a-t-il planté son drapeau quelque part dans ces vastes lignes? Point, et ses actes l'attestent.

Porté par le côté droit au pouvoir, mais fidèle aux promesses de Saint-Ouen et de Reims, ayant l'intelli-gence et l'amour des formes nouvelles, il se serait appliqué à les fortifier du concours de leurs ennemis, en faisant pencher du côté de l'aristocratie ancienne la balance des pouvoirs; il aurait enseigné les jeunes générations, et, s'il se pouvait, les vieillards de ces rangs desquels il était sorti, à chercher dans les droits politiques, mieux que ne donnaient autrefois les faveurs de cour; il aurait établi des libertés mu-nicipales dont la constitution aristocratique créât des influences de noms et d'autorité. Loin de restreindre le nombre des citoyens revêtus du privilége de l'élec-torat, il eût agrandi cet arrière-ban politique, pour y faire entrer, s'il se pouvait, tous ces propriétaires de nos provinces qui, poursuivant dans les bois, avec le gibier héréditaire, des rêves d'ancien régime funestes et insensés, se désintéressent également dans leur oi-siveté stérile, du trône qui les oublie, et de la liberté qu'ils ignorent. Il aurait relevé la magistrature dans l'estime publique par ses respects, au lieu de ne la relever que par des disgrâces; il se serait attaché à l'aristocratie de la Chambre héréditaire, comme au centre et au point d'appui du gouvernement qui était à fonder, comme au terme de toutes les ambitions, comme au rendez-vous de toutes les influences et de toutes les gloires; il aurait caressé les imaginations qui se complaisent dans les souvenirs, en rendant à nos provinces, à l'aide des circonscriptions militaires ou judiciaires tout-à-fait indépendantes des circonscrip-tions administratives, ces vieux noms qui remplissent notre histoire. Intéressé à s'assurer l'alliance du sacer-doce, mais non à lui livrer le trône et la France, il se serait appliqué à retirer le clergé, par l'abolition du casuel, de la dépendance du pauvre, et ce changement aurait peut-être rappelé à l'usage des sacremens, et surtout du mariage, ces populations indigentes que la misère entretient dans la corruption. La suppression des loteries aurait fait voir que la bienveillance pour le sacerdoce, que la ferveur religieuse se liaient à des idées morales, et que pour mener le peuple sans son concours, on ne prétendait pas le dégrader et l'abrutir. Sincère dans l'adoption des institutions fondamentales, on n'aurait pas eu besoin de recourir à ce luxe d'immoralité qui épouvante ; on n'aurait pas cherché le côté faible de chaque loi pour la frapper, et de chaque conscience pour la corrompre. Le régime eût été noble de procédés comme de tendance ; il se serait recommandé à l'estime, sinon à l'affection publique par quelque chose de chevaleresque et de loyal ; il ne se serait pas cru obligé de prendre le talent en haine comme la probité. Enfin, c'est l'Angleterre et non point l'Espagne que la France aurait eu pour modèle ; et en essayant d'importer tout ce que l'esprit français repousse comme des préjugés ou des abus, on aurait au moins offert, comme une compensation magnifique, une généreuse et féconde liberté.

De tout cela, qu'a-t-il été fait ? Rien que je sache. On n'a même pu le tenter ; car c'est là un des caractères de l'administration que son impuissance égale son mauvais vouloir. Comme on sait que rien de ce qu'aime la France ne lui est cher ni sacré, tous les regards surveillent les conseillers de la couronne ; chacun de leurs mouvemens excite un cri d'alarme ; on croit tout menacé dès que leur main se lève ; le bien même ne leur serait pas possible à accomplir ou seulement à essayer; prisonniers dans leur pouvoir sans bornes, ils semblent n'être là que pour donner au monde le spectacle de toutes les misères qui s'attachent à une politique sans droiture et sans loyauté.

Tout le mal tient à cette antipathie profonde pour la Charte. Avec elle ils pouvaient chercher les nobles endroits de leur parti et s'établir très-haut dans l'opinion des peuples, même en la blessant. Conspirateurs débiles, dresseurs d'embûches, contempteurs de la morale et des lois, ils n'ont pu que s'adresser à tous les mauvais penchans de ceux qui les ont portés au gouvernail; ils ont consumé le temps de la France et compromis le clergé dans les inutilités repoussantes de la loi du sacrilége, satisfait quelques vieilles haines aux dépens de la garde nationale, fait la chasse aux lumières, depuis les écoles de village jusqu'à l'Académie française, excommunié les supériorités et les illustrations de tous les âges, appelé les classes élevées en partage d'entreprises criminelles sur les droits des citoyeus, déconsidéré leurs auxiliaires, constitué la plupart d'entre eux en état de délit, appris aux Français à ne plus correspondre que par voie d'huissier, lassé enfin les rigueurs de la conscience publique par leur application à détrousser les droits de chacun et les libertés de tous.

De cette sorte, ils sont parvenus à ne rien faire pour leur parti, en faisant tout contre la France, et la cause du pouvoir absolu n'a pas mieux prospéré dans leurs mains que celle des combinaisons aristocratiques, et des réactions régulières. L'esprit de la Charte a seul fait des progrès au milieu de nous; elle s'est affermie, elle est devenue populaire par leur haine pour elle.

On se demandera pourquoi cette aversion d'un régime qui a fait leur grandeur. Pourquoi ? c'est qu'ayant tant à choisir pour la manière dont ils placeraient leur levier, ils ont pris précisément le seul appui qui répugne invinciblement à l'établissement des franchises publiques. Le clergé peut avoir sa part de la puissance que le régime des institutions libres institue ; rien donc ne l'oblige à les haïr. Mais quand du sacerdoce, ministre légitime de l'Évangile, dépositaire de ses lumières divines, membre auguste de l'état, dont la tête brille au milieu des pompes de la pairie, dont le pied touche au peuple et participe de ses besoins comme de ses idées, vous passez à des coteries monacales qui sont séparées des masses par leur institut et des grands par les habitudes de leur extraction et de leur vie, qui sont tour à tour hiérarchies contre le peuple et peuple contre les rois, vous trouverez de toute nécessité une opposition flagrante au système de la discussion et de la publicité ; vous jeterez pêle-mêle le pouvoir et la liberté dans une région où on n'entend que l'obéissance ; vous compromettrez à la fois la religion et la politique par une alliance indigne de toutes deux ; vous prendrez pour ressort de votre gouvernement la haine de la civilisation, la haine de l'industrie, la haine du talent, la haine de la gloire, la haine enfin de la liberté, car ce nom comprend tous les biens ; vous marcherez à la conquête de tout ce que l'Espagne possède, et si, pour arriver là, il vous reste des sermens à fausser, une législation à corrompre, trente millions d'hommes intelligens et libres à tromper, vient alors tout ce que nous avons, la duplicité, l'escamotage, la censure.

Cette censure dont la première règle est de ne pas souffrir que le nom d'une société, célèbre dans tout l'univers, retentisse du Rhin aux Pyrénées, trahit de reste par tous les actes son but comme son origine ; et c'est pour la rendre éternelle, c'est pour obtenir une chambre qui inflige pour toujours ce joug à la France que la réélection va être tentée.

Il n'en faudrait pas davantage pour démontrer que l'abolition de toutes les promesses sur lesquelles la restauration repose, est le terme unique des vœux du ministère ; car la Charte et la censure ne peuvent habiter la même terre. La Charte veut la publicité, la censure le silence ; la Charte veut la discussion, la censure l'étouffe ; la Charte respecte les peuples, et la censure les outrage.

On comprend que les journaux soient soumis à un contrôle là où il n'y a d'opinion exprimée et reconnue que celle du pouvoir, où il n'y a point combat, où on ignore la polémique et les tribunes. Mais dans un gouvernement de représentation, de publicité, de concurrence, imaginer la presse à moitié enchaînée, imaginer la presse fustigeant d'une de ses mains les mercenaires qui lui mutilent l'autre ; imaginer le mandataire du pays et le pair de France soumettant sa pensée indépendante au jugement de quelques-uns des garçons de bureau de ce ministère qu'il a mission de contrôler sans réserve, tout cela est insensé.

Aussi, voyez ce qui advient de la censure vivant à côté de la Charte. Chacun de ses actes révolte, parce qu'elle est sans cesse dans l'absurde ; que mille passions contraires l'agitent, qu'elle est comme un homme ivre chargé de faire la police dans une cité instruite et sage. Les faits qu'on va voir sont autant d'outrages à la raison et à la pudeur publique. Tous disent quel pouvoir indigne de régir un grand pays domine le ministère et asservit la France. Il est trop manifeste qu'un tel régime ne saurait avoir de durée. Nous devons revenir bientôt au vrai et au possible. Bientôt la censure ou bien le gouvernement représentatif aura péri.

TRIBUNAUX. — AFFAIRE CONTRAFATTO.

Le procès de l'abbé Contrafatto était un scandale déplorable : les circonstances qui l'ont accompagné et suivi sont un scandale plus grand encore.

Au premier bruit de l'attentat qui etait imputé au prêtre sicilien, tout ce qui aime la religion devait souhaiter le châtiment du coupable, si l'accusation était prouvée. Tout le monde devait se réjouir de voir l'église de France désintéressée dans cet affreux débat.

Loin de là, il fut établi que la religion était compromise dans une procédure, où, grâce à Dieu, le clergé même n'était pas en cause. Il fallait obtenir le triomphe du coupable, et, pour arriver à cette gloire, il fallait flétrir l'innocent ; il fallait, doit-on le dire ? que cette mère, que cette enfant horriblement outragées fussent outragées encore ! Contrafatto devait les avoir deux fois pour victimes.

En effet, il fut dit que cette mère dénaturée déshonorait sa fille innocente pour jouer pièce au clergé, que cette enfant, atrocement précoce, avait été dressée à balbutier l'imposture et l'obscénité pour saper l'église dans ses fondemens. La jeune fille à laquelle on prêtait cette hardiesse avait cinq ans. L'infortunée à laquelle on supposait cette haine inventive pour le clergé, est la nièce d'un des plus éminens prélats de l'église d'Italie.

Les préventions furent si habilement suivies que la justice ne put s'en défendre ; car c'est à ces préventions funestes apparemment, qu'il faut imputer la façon dont l'instruction première fut conduite par M. Frayssinous. Il a été établi aux débats, qu'un des témoins se déclarant disposé à parler, ne fut point pressé de s'expliquer davantage, que le serment ne fut exigé d'aucun d'eux ; et cependant les procès verbaux constatèrent qu'il y avait eu serment !

Par suite de cette instruction étourdie, Contrafatto fut rendu à la liberté ; il fut rendu à son ministère : il monta une fois encore à l'autel ; là sont les profanations sacriléges ; là le sacrilége scandale.

Il advint que ce sacrilége émut une foule d'hommes ; qu'ils s'emportèrent jusqu'à vouloir venger euxmêmes la société outragée par le crime, outragée par l'impunité. Ces hommes furent coupables ; mais ils le seraient davantage aux yeux de la morale, s'ils n'avaient pas eu de ces indignations vertueuses ; et si le juge instructeur eût mieux fait son devoir, ils n'auraient pas eu occasion de l'être aux yeux de la loi.

Cet éclat épaissit le bandeau sur les yeux de l'autorité au lieu de l'éclairer ; enfin, l'œil même de la police se trompa, et prit encore le monstre pour un martyr, les victimes pour des sacriléges. M. Delavau a écrit un document qui s'est offert dans le dossier et que je transcris :

« Dès hier, quelques rassemblemens avaient eu lieu lors de son retour ; mais aujourd'hui, vers midi, au moment où il sor-

tait pour aller à ses affaires , il a été assailli et frappé avec vio-
lence, d'abord *par la femme Lebon, auteur de la plainte*, et
presque en même temps par une troupe de furieux rassemblés
autour de la maison... Si la conduite de cet ecclésiastique,
abstraction faite de l'accusation portée contre lui, est trop
imprudente pour pouvoir être excusée , je ne doute pas, d'un
autre côté , que cette scène n'ait été organisée en quelque sorte
par *la femme Lebon*. De nombreux renseignemens l'ont fait
penser, et j'ai ordonné une enquête sur toute cette affaire ,
qui fournira , j'ai lieu de l'espérer, de plus amples renseignemens sur ce désordre , qui a été porté à son comble.

» DELAVAU. »

D'autres renseignemens que ceux qu'attendaient
la police se sont rencontrés, et Contrafatto a été reconnu, par suite d'une nouvelle instruction, coupable de quelque chose de plus qu'une imprudence.
Des émissaires se sont présentés *chez la femme Lebon*, comme dirait le chef de la police de Paris, pour
lui offrir de l'or, si elle voulait renoncer à la vengeance des lois. Ce fait résulte des débats. On n'a
pas dit quelle caisse et quelle spécialité aurait fourni
cet or. Cependant les assises se sont ouvertes pour
Contrafatto, et le hasard a voulu qu'après les récusa-
tions exercées par l'accusé, il restât dans le jury cinq
fonctionnaires du seul département des finances.
Les jurés étaient hommes , pères , chrétiens : la condamnation a été unanime.

Les journaux ont voulu rendre compte de la partie publique de l'audience. Protégeant cette fois les
erreurs du juge, la censure a empêché de rapporter
les expressions sévères par lesquelles M. le président
des assises a caractérisé l'instruction première.

—Sans sortir de la noble impartialité que lui commandent ses
fonctions, M. le président , en retraçant l'historique de cette

cause, exprime l'étonnement de la cour sur la manière dont l'instruction a été faite devant M. Frayssinous. Cette instruction qu'on peut taxer au moins d'une inconcevable légèreté, dit-il, a motivé l'ordonnance de non-lieu de la chambre du conseil. Il est presqu'incroyable, mais il paraît néanmoins constant, d'après les débats, que les témoins qui furent alors entendus ne furent pas assujétis à la formalité sainte du serment, quoique cependant le procès-verbal constate l'accomplissement de cette indispensable formalité. (*Journal du Commerce.*)

La censure fait plus. Elle a peur que l'intérêt public s'attache sur la famille que le crime a désolée : elle commet le sacrilége de biffer cet autre passage :

—M. le président se plaît à rendre un éclatant témoignage au caractère, à la fermeté, et à la conduite de madame Le Bon. « Vous avez vu, dit-il, cette dame à cette audience : vous avez vu aussi ses jeunes demoiselles, et vous avez pu juger du mérite des imputations dont elle a été l'objet. Pour nous, Messieurs, nous devons dire que les filles de madame Le Bon, leur maintien plein de décence, et la déposition unanime des temoins suffisent pour faire connaître les principes qu'elles ont reçues et qui sont ceux de la religion et de la morale la plus pure. »

M. le président finit sont résumé en ces termes :

« Si Contrafatto est innocent, en le déclarant vous vengerez la religion qui n'aura pas la douleur de voir condamner un de ses ministres : mais s'il est coupable, en le déclarant, vous vengerez encore la religion, qui ne veut pas qu'on la serve par le mensonge. »

Madame Le Bon n'avait réclamé pour tout dommages intérêts que la condamnation aux dépens. La cour, sur les conclusions de Me. Ledru, a fait droit à cette demande. Pendant tous les debats, les demoiselles de madame Le Bon se sont retirées dans une salle particulière, et elles n'ont paru à l'audience que pour faire leur déposition. La cour avait eu ce soin par égard pour l'âge et la pudeur de ces jeunes personnes.

(*Commerce.*)

C'est un parti pris de soustraire l'assassin à l'horreur, la victime à l'intérêt de la société indignée.

— M. le président de Monmerqué, usant de la faculté que lui donne l'article 371 du Code criminel, a adressé au condamné une sévère et touchante exhortation.

« Contrafatto, a-t-il dit, vous êtes condamné pour le plus grand crime que puisse commettre un ministre de la religion. Vous avez abusé de la confiance qu'inspirait votre ministère pour vous porter, envers un enfant de cinq ans, aux plus révoltantes brutalités. Rentrez en vous-même. Le seul moyen d'expier votre faute et de diminuer l'horreur qu'elle inspire, c'est d'en faire l'aveu. Cet aveu peut seul vous mériter quelque intérêt, et appeler peut-être sur vous la clémence royale. Vous savez aussi, comme nous, que cet aveu peut seul vous réconcilier avec Dieu. »

Contrafatto n'a répondu à ce discours que par un geste insignifiant. Les gendarmes l'ont ramené à la Conciergerie. Ce matin, il a déclaré son intention de se pourvoir en cassation.

(*Journal des Débats.*)

— La vue de cette enfant excite de tous côtés un intérêt où domine un sentiment de pitié. Hortense Lebon est à peine âgée de six ans, elle paraît souffrante et d'une constitution délicate. Ses sœurs, dont l'aînée a dix-huit ans, ont toutes trois une physionomie décente. (*Courrier français.*) .

Certes, cette dernière suppression est abominable; c'est la suite du complot formé contre toutes ces infortunées en faveur d'un grand coupable; c'est la suite du crime de Contrafatto. La censure a recommencé l'attentat de cet homme sur la malheureuse Hortense; elle a disputé à l'enfant la pitié publique, et l'estime publique à sa mère. Cette censure est impie, elle est immorale, elle est immonde; c'est elle qu'il faudrait mettre au carcan, et du moins on ne verrait pas la robe du prêtre y monter avec elle; car la main de l'église est étrangère à ces infamies. L'église peut sans crainte, avec la pureté de mœurs dont brille le sacerdoce, abandonner aux vindictes de l'opinion et de la loi les lévites sur le front desquels les souillures du crime ont effacé l'onction sainte. Le ministère seul a besoin de caresser les faiblesses d'une coterie, de lui supposer des inclinations mauvaises, de lui prêter des vices, comme on grossit son armée.

Il n'est pas surprenant qu'un tel ministère soit en état de conjuration contre la magistrature, et qu'il lui prépare les mêmes destins qu'à la pairie. On ne peut remercier assez la censure de nous révéler toutes les passions et tous les complots de ses maîtres.

ſ — Le jugement du tribunal de police correctionnelle de Paris, dans le procès suscité par les funérailles de M. Manuel, n'a pas l'assentiment de la *Gazette de Lyon*. Voici comment elle termine ses observations sur cet acte judiciaire :

« Il y a mille voies légales pour obvier à ce que les tribunaux ne redeviennent pas, comme ils l'ont été à plusieurs époques de la monarchie, un des périls de l'état. Rien n'est facile comme de les contenir dans leurs limites, et l'opinion la plus imposante accueillera avec applaudissemens toutes les mesures qui ramèneront la sécurité de ce côté-là. On conçoit que des corps anciens et puissans, comme les parlemens, comme les assemblées des états-généraux, puissent devenir dans des momens de crise des obstacles redoutables ; mais l'histoire ne pardonnerait pas à un gouvernement qui se laisserait ébranler par des sentences de police correctionnelle. »

(Journal du Commerce.)

DIFFAMATIONS OFFICIELLES.

Si jamais quelques hommes étaient assez à plaindre, pour accepter la pairie à la charge de voter la censure, on saurait qu'ils ont acheté cet honneur suprême par la promesse de constituer aux mains du ministère le monopole de la calomnie et du mensonge.

MAIRE DE VARNEY. Un maire a été destitué; les journaux officiels allèguent des motifs controuvés : ce maire le réfute; il veut donner la raison véritable de sa disgrâce. Ce passage est biffé :

— « Je sais, Monsieur, que je dois ma suspension à une tout autre cause ; je n'ignore pas que la franchise de mes opinions l'a provoquée, et qu'elle a servi à punir la résistance que, dans l'intérêt de la commune de Varney, j'avais opposée à quelques actes contraires à cet intérêt. L'opposition, quelque modérée qu'elle soit, déplaît à MM. les préfets ; mais ils n'ont pas encore ce crédit, qu'ils puissent, par un simple arrêté, transformer un citoyen honnête en un homme sciemment coupable de mensonge et de mauvaise foi.»   (*Constitutionnel.*)

Le journal qui a souffert cette mutilation, ne peut publier les réflexions suivantes :

— Dans les états constitutionnels, et même dans les monarchies où le prince a le pouvoir absolu, il est deux tribunaux où les citoyens et sujets comparaissent quand ils sont accusés. L'un est composé de magistrats chargés de rendre la justice au nom du prince ; l'autre est formé d'un jury national qui ne reçoit l'institution de personne ; on appelle celui-ci l'opinion publique. Quelquefois l'accusateur, usant de la liberté du choix, porte ses griefs devant le tribunal de la seconde espèce. C'est ce qu'a fait M. le préfet de la Meuse contre M. le maire de Varney. Celui-ci n'a pas récusé le juge devant lequel son supérieur a voulu le traduire ; mais, avant le jugement, le préfet à suspendu le maire ; c'est-à-dire qu'il l'a puni avant que le juge eût prononcé.

Dans notre numéro d'hier, nous avons rapporté la plaidoirie du maire de Varney, sauf la péroraison qui donnait le mot de l'énigme. Sa justification est complète; cependant la peine prononcée par le préfet est subie. Un honorable magistrat a donc été destitué injustement.

Puisque, le fait sur lequel l'accusation est basée n'est pas exact, la destitution du maire a donc eu une autre cause ; puisqu'on n'a pas permis à ce magistrat lui-même de la faire connaître, nous permettrait-on de la publier?

(Constitutionnel)

Prince Eugène. Nous avons déjà vu que ce qu'il y avait autrefois de sacré pour des Français, les femmes, des femmes de rang illustre et dont l'une n'avait pas ses cendres refroidies encore, n'ont pu être défendues contre les expressions injurieuses de l'historien Écossais. Quelle meilleure preuve qu'on prétend nous plier à un autre régime que celui même des hommes et des sentimens de l'ancienne France ?

Le gendre du roi de Bavière ne sera pas mieux traité.

—Nous trouvons dans la sixième livraison de l'*Isographie,* une pièce à laquelle les circonstances donnent une véritable importance. L'abbé de Montgaillard et sir Walter-Scott ont écrit qu'Eugène Beauharnais avait accueilli en 1813 des propositions qui lui avaient été faites par les puissances alliées, et à la suite desquelles il s'était engagé à servir la cause de la coalition pourvu qu'on lui assurât une souveraineté en Italie. Cette assertion se trouve complétement démentie par la lettre suivante adressée par Eugène à sa sœur Hortense. On remarquera que la mort de ce prince, antérieure de plusieurs années à la publication des deux seuls ouvrages où l'assertion soit consignée, ne permet pas de supposer que sa lettre a été écrite après coup et dans l'intérêt de sa justification :

« Vérone, ce 9 novembre 1815.

» Ma bonne sœur,

» Depuis huit jours j'ai le projet de t'écrire, et chaque jour une nouvelle occupation vient me déranger. J'avais pourtant besoin de te mander ce qui m'est arrivé la semaine dernière.

» Un parlementaire autrichien demande avec instance à nos

2.

avant-postes de pouvoir me remettre lui-même des papiers très-importans. J'étais justement à cheval; je m'y rends, et je trouve un aide-de-camp du roi de Bavière qui avait été sous mes ordres la campagne dernière. Il était chargé, de la part du roi, de me faire les plus belles propositions pour moi et pour ma famille, et assurait d'avance que les souverains coalisés approuvaient que je m'entendisse avec le roi pour m'assurer la couronne d'Italie. Il y avait aussi un grand assaisonnement de protestations d'estime, etc. Tout cela était bien séduisant pour tout autre que pour moi. J'ai répondu à toutes ces propositions comme je le devais, et le jeune envoyé est parti rempli, m'a-t-il dit, d'admiration pour mon caractère. J'ai cru devoir rendre compte du tout à l'empereur, en omettant toutefois les complimens qui ne s'adressaient qu'à moi.

» J'aime à penser, ma bonne sœur, que tu aurais approuvé toute ma conversation si tu avais pu l'entendre. Ce qui pour moi est la plus belle récompense, c'est de voir que si ceux que je sers ne peuvent me refuser leur confiance et leur estime, ma conduite a pu gagner celle de mes ennemis.

» Adieu, ma bonne sœur; ton frère sera dans tous les temps digne de toi et de sa famille; et je ne saurais assez te dire combien je suis heureux des sentimens de ma femme en cette circonstance. Elle a tout-à-fait suspendu ses relations directes avec sa famille depuis la déclaration de la Bavière contre la France, et elle s'est réellement conduite divinement pour l'empereur.

» Adieu, je t'embrasse, ainsi que tes enfans, et suis pour toujours ton frère et meilleur ami.

» Eugène.

« Ne montre cette lettre qu'à Lavalette; car je désire éviter qu'on ne fasse des bavardages à mon sujet. ».

(*Journal du Commerce.*)

Général Gourgaud. Le général Gourgaud a publié une réfutation des assertions de sir Walter Scott. Il faut que la France l'ignore; nulle annonce ne percera dans les journaux.

Je laisse le général expliquer lui-même, dans la préface de son livre, les procédés de cette censure calomnieuse envers lui. Je ne supprime que quelques lignes où il veut bien parler, en beaucoup trop bons termes, d'une indignation qui n'est, chez moi, que l'accomplissement d'un devoir.

— Lorsque parut dans les journaux ma lettre (voyez *Appendice*, n°. I.) au sujet des imputations calomnieuses de sir Walter Scott, en France et en Angleterre, les hommes réfléchis trouvèrent cette réponse suffisante. Mais *le Standard* à Londres, le *Quotidienne* et la *Gazette de France* à Paris, improvisèrent sur cette affaire des factums plus ou moins injurieux à ma réputation.

Un journal consacré aux hommes et aux choses de l'armée, *le Spectateur militaire*, rédigé par des officiers aussi recommandables par leur caractère que par leurs glorieux services, crut de son devoir de prendre ma défense. Il joignit à la publication de la lettre que je lui avais adressée, ainsi qu'aux autres journaux, des réflexions sur les embarras de ma position et des avis sur la conduite que me traçaient les circonstances. (Voyez *Appendice*, n°. II.)

La censure m'a envié l'appui et le jugement de mes pairs. Habituée à permettre l'attaque et à interdire la défense, elle s'est opposée à la publication que se proposait *le Spectateur*, le jour même où elle souffrait que *la Gazette de France* donnât cours *hors Paris* aux ignobles calomnies du *Standard* (1).

Mes défenseurs restaient donc condamnés au silence.

Bientôt les feuilles anglaises publièrent une réponse de Walter Scott à ma première lettre. Je priai un journal distingué par son courage et son patriotisme, *le Courrier français*, de

____

(1) J'ai entre les mains un exemplaire de la *Gazette de France* du 12 septembre, qui m'a été envoyé de Lyon. Il contient un long article contre moi. Le même journal du 12 septembre, pour les abonnés de la capitale, ne dit pas un mot de cet article. Il y a donc une *Gazette de France* pour Paris, et une *Gazette de France* pour la *province et l'étranger*.

l'insérer **en** entier avec les pièces qui l'accompagnaient. Vain espoir ! la censure déclara formellement qu'elle ne laisserait publier ces documens qu'à la condition que je n'y répondrais pas.

Ces détails sont d'un faible intérêt, mais il m'importe que l'on sache pourquoi ma défense n'a pas eu une publicité égale aux attaques dont j'ai ete l'objet.

Paris, octobre 1827.

Le Génér al GOURGAUD.

La censure ne borne point son rôle à étouffer les apologies ; elle se complaît aussi à étouffer le blâme, s'il porte sur des étrangers : elle ne tolère la calomnie qu'en ce qui touche les Français.

Dans une lettre auquel le même ouvrage a donné lieu, elle a eu soin de supprimer les mots qui auraient pu faire douter de l'authenticité d'un livre peu ami de notre gloire.

— Ayant été attaché à la personne de l'empereur Napoléon pendant l'espace de vingt années, et curieux de savoir comment un romancier du talent de sir Walter Scott avait pu traiter un récit dont le sujet devait lui être tout-à-fait étranger, j'ai parcouru son ouvrage intitulé *Vie de Napoléon Buonaparte*, et j'ai vu avec surprise que, sur bien des points, l'auteur avait négligé de s'assurer de l'authenticité des documens qu'il a puisés je ne sais où. Je ne m'attacherai à relever que ce qui me regarde personnellement.   (*Constitutionnel*)

FAITS DIVERS.

L'antipathie de la censure pour la gloire de la France, soit qu'il faille la livrer aux agressions de l'Helvétie, ou à celles de la Grande-Bretagne, explique le soin qu'elle prend de s'opposer à ce que nos vétérans fassent parvenir une prière au pied du trône ; elle leur conteste des droits à la munificence

royale, comme à Hortense Lebon des titres à la pitié;
elle a peur que ces braves gens obtiennent du pain.

— MM. les officiers dont la demi-solde cesse en 1828 sont
invités à se présenter chez M. Chéronnet, ancien commissaire
des guerres, rue Feydeau, n°. 26, du 1er. au 15 octobre, pour
y recevoir communication d'une demande qui les intéresse.

(Courrier français.)

On ne comprend pas si bien l'utilité des suppressions qui suivent :

—M. le vicomte de Castelbajac, directeur général des
douanes, vient de quitter Chaillot pour habiter la rue d'Agues-
seau, faubourg Saint-Honoré, n°. 18. *(Journal des Débats.)*

— Demain vendredi, 19 octobre, jour anniversaire de la
mort de Talma, son corps, qui avait été déposé au cimetière du
Père Lachaise, dans le terrain qui appartient à la famille Davil-
liers, sera transféré dans le tombeau qui lui est destiné Cette
translation aura lieu à sept heures du matin.

(Tous les journaux.)

— Ces forges avaient appartenu au baron de Breteuil, qui
fournissait du fer à Louis XVI, lorsque ce prince occupa ses
loisirs aux travaux de la serrurerie. ▪ *(Journal du Commerce.)*

— M. le marquis de Maubreuil, condamné à deux ans d'em-
prisonnement, a été transféré hier 13 dans la prison centrale
de Poissy. Il avait demandé à être conduit dans celle de Nantes,
mais l'autorité n'a point cru devoir obtempérer à sa demande.

(Courrier français.)

— On lit dans la *Feuille de Douai* l'avis suivant :

« M. le marquis d'Aoust avertit tous ses fournisseurs et ou-
vriers que devant quitter Cuincy le 10 octobre, ils aient à lui
adresser sans délai leurs états et mémoires, à péril par ceux
qui négligeraient de les produire avant cette époque de s'exposer à la diminution d'un tiers. »

M. le marquis d'Aoust ne fait pas connaître les mesures qu'il
a prises contre les créanciers retardataires qui ne voudraient
pas encourir la déchéance et qui refuseraient les deux tiers
consolidés. *(Ibid.)*

— La duchesse de Saint-Leu est passée à Milan le 4 octobre, venant de la Suisse. *(Ibid.)*

GRÈCE.

Le ministère s'épouvante de sa propre gloire ; il ne veut pas que nous fixions les yeux sur le théâtre des seules consolations qui nous soient données.

—*Le Moniteur* français est plus occupé que de coutume, pour répondre à la presse française et anglaise sur les négociations de l'Orient. Ces éternelles assurances de sincérité de la part de la Russie, et la durée promise de l'ordre de choses actuel, sont choses qui peuvent être révoquées en doute. Le journal officiel crie trop haut « la paix ! la paix ! » pour que cet empressement ne naisse que de sa conviction. Peut-être son affectation à parler de l'impossibilité d'une rupture vient-elle au contraire de ce qu'il la redoute.

(Extrait du *Times. Journal des Débats.*)

— La conduite que la Russie avait jusqu'alors tenue à l'égard des Grecs, et sa stricte neutralité avaient refroidi le cœur de ceux de leurs co-religionnaires qui habitent le territoire turc, refroidissement dangereux pour les vues politiques de la Russie.

Dans cet état des choses, les deux partis s'entendirent ; ils en informent l'empereur Nicolas, et lui exposent leurs idées. Le nouvel autocrate goûta l'opinion des patriotes ; mais comment s'y prendre pour exécuter le serment secret qu'il avait fait à son frère aîné, le grand-duc Constantin, de le placer sur le trône de Constantinople ? Pour parvenir à former le royaume de Thrace, on médite le prétexte de faire cesser l'effusion du sang des Grecs sur le territoire de la Grèce. On sait ce que le cabinet de Saint-James et celui des Tuileries ont fait pour prévenir les démarches de la Russie ; l'Autriche a refusé de prendre part à une affaire de si haute importance. On ne peut pas dire qu'elle ne fût pas instruite de ce qui se préparait ; mais, sans être voisine des contrées qui auraient été un jour envahies, elle espère profiter d'une attaque pour augmenter ses provinces du côté de la Bosnie. *(Constitutionnel.)*

— « D'après des nouvelles de Céphalonie, du 12 août, Paul, le second fils de Lucien Bonaparte, y était arrivé le 10, sur la bombarde ionienne *Santa-Triniti*, capitaine Montes-santo, venant de Sinigaglia, et il doit, dit-on, se rendre au plus tôt en Grèce. Il paraît qu'il a quitté secrètement les États romains, attendu que, sur le passe-port de M. Alexandre Del-ladedima, avec qui il était arrivé à Argastoli, il est porté comme son valet de chambre, sous le nom de Luigi Antonello. Suivant une lettre de Zante, Paul Bonaparte, que le corres-pondant de Zante nomme Angelo, y était arrivé le 16 août, ainsi que le schooner *Unicorn*, appartenant à lord Cochrane, qui était venu de Marseille en sept jours, avec le neveu de cet amiral à son bord. Paul Bonaparte et le jeune Cochrane de-vaient partir ensemble, le 17, pour la Grèce. »

(Journal des Débats.)

— « Une lettre, en date du 14, qu'on vient de recevoir de Prévésa, annonce que la nouvelle des mesures concertées par le traité de Londres, entre les trois puissances, pour la paci-fication de la Grèce, s'était déjà répandue parmi les Turcs de cette ville, et qu'elle y avait causé beaucoup d'inquiétude. »

(Extrait de l'Observateur autrichien. Ibid.)

— CONSTANTINOPLE, 15 SEPTEMBRE. Quoiqu'on puisse regarder comme rompues les négociations entamées avec la Porte au sujet de la Grèce, on voit cependant les drogmans des trois ambassadeurs se rendre de temps en temps auprès du reis-ef-fendi. On en conclut qu'ils sont chargés de communiquer des instructions supplémentaires qui sont écoutées, malgré le refus de la Porte de recevoir des communications sur l'affaire en question. (Constitutionnel.)

— ODESSA, 22 SEPTEMBRE. Nos dernières nouvelles de Con-stantinople vont jusqu'au 18; elles annoncent les préparatifs de départ des trois ambassadeurs et de ceux de leurs compa-triotes qui désirent quitter la capitale ; les bâtimens qui sont destinés à les emmener sont même déjà chargés de bagages ; la ville paraît tranquille, et, d'après les mesures prises par le gou-vernement turc, beaucoup d'Anglais et de Français ont résolu de se mettre sous la protection de l'internonce autrichien, et de ne pas quitter Constantinople en cas de rupture. On regarde la position du ministre autrichien, dans les circonstances actuelles, comme très-favorable aux intérêts des Francs.

(Ibid)

PORTUGAL.

On commence à jeter un voile épais sur la manière dont la contre-révolution apostolique de Lisbonne procède dans ses préludes. On compte que la dissolution et des créations de pairs, donneront les moyens de nous laisser à jamais ignorer comment elle procède dans la victoire.

— Le *Moniteur* de mardi contient un article très singulier. Ce journal est devenu depuis peu extrêmement communicatif sur toutes les questions politiques. Il doit être très-satisfaisant pour les Français de voir une autorité aussi compétente répondre journellement à leurs plaintes et lever chaque jour tous leurs doutes. Cet article embrasse presque tous les objets de politique étrangère et intérieure, et leur donne une couleur séduisante. Il commence par les affaires du Portugal et finit par l'exposition des châles et des peintures au Louvre. Dans le cours de ses excursions, l'optimiste du journal officiel passe du Portugal en Turquie, de Turquie en Catalogne et de Catalogne en France, trouvant en tout lieu tout à louer dans la conduite des gouvernemens, et rien de recommandable dans les vues et les sentimens des nations. Dans cette longue revue de la politique européenne, nous trouvons la croyance du *Moniteur* qui, comme les autres croyances, n'est pas sans mystères. On nous dit, par exemple, que tout ce qui est arrivé en Portugal avait été prévu, même la nomination de don Miguel à la régence par son frère don Pedro. Comment se fait il donc que don Pedro ait invité son frère à se rendre auprès de lui à Rio-Janeiro, et comment pouvait-il prévoir que sa sœur se ferait administrer l'extrême-onction afin de faire place à une nouvelle régence ? La manière dont les affaires de Turquie sont envisagées par le *Moniteur* approche davantage de la réalité.

(Extrait du Times. Courrier français.)

—Le *Tim*· contient les reflexions suivantes sur l'état actue
du Portugal .

« Il n'y a aujourd'hui en réalité aucun gouvernement en Portugal. Nous ne parlerons pas du gouvernement constitutionnel
ni de la charte de don Pedro. L'un et l'autre sont maintenant
tout-à-fait hors de la question ; mais nous dirons qu'il n'existe
aucune autorité constituée agissant d'après des règles fixes dans
l'intérêt général des habitans du pays. L'inconstance, le caprice
et la puerilité se font remarquer dans toutes les mesures de la
régente. Les femmes du palais et la reine douairière cabalent
sans cesse pour égarer la faible, mais volontaire princesse ; et
les ordres qu'elle donne, à l'instigation de son conseil, et qui
la plupart ressemblent à des actes de vengeance , sont généra-
lement exécutés par le ministre de la police. Le peuple par
consequent ne saurait attendre d'une administration despotique en principe et dont les fonctionnaires les plus actifs sont
des espions et des geôliers , rien de meilleur que ce qu'il est
au moment d'avoir en remplacement de ce gouvernement op-
pressif. Au lieu d'agir conformément aux instructions du souverain qui l'avait instituée régente , et dans les intérêts de son
royaume , tels qu'ils les lui avait expliqués , la princesse s'est
laissée ravaler jusqu'au rôle de subalterne de son successeur
présumé. Quand don Miguel viendra prendre les rênes du gouvernement, il n'aura pas la peine de violer l'engagement qu'auront exigé de lui les puissances étrangères de maintenir la
charte de son frère. Cette charte n'existe déjà plus. Quel rôle
jouera l'Angleterre dans des circonstances aussi malheureuses ?
C'est une question qui n'est pas peu embarrassante. Si un système de gouvernement arbitraire s'établit et se maintient en
Portugal , l'attachement politique de ce royaume passera de
l'Angleterre à d'autres amis ; la branche régnante de la maison
de Bragance s'unira a celle de la maison de Bourbon qui règne
en Espagne , et tombera naturellement sous la domination de
la branche la plus puissante. D'après cela, l'extinction de la
politique de don Pedro affecte les intérêts de notre pays d'une
manière grave et alarmante. Ce serait pour nous un triste mé-
compte , si la crise qui dure depuis près d'un an , au lieu d'a-

(28)

voir donné la liberté à l'Espagne , n'a fait qu'enchaîner l'ancienne alliée de la Grande-Bretagne. »

(Extrait du *Times*. *Courrier français*.)

— Vienne, 4 octobre. M. le comte de Bombelles précédera
don Miguel de quelques jours. S. A. partira du 15 au 20 de ce
mois, et prendra la route de Paris et de Brest.

(*Journal des Débats*.)

— Vienne, 4 octobre. L'itinéraire de S A. R. l'infant don
Miguel paraît avoir subi quelque modification. Il n'ira pas s'em-
barquer à Brest comme on l'avait d'abord cru, mais il se rendra en Portugal par Paris et Londres. Il doit s'arrêter quelque
temps dans cette dernière ville.

(Extrait de la *Gazette d'Augsbourg*. *Journal des Débats*
et *Constitutionnel*.)

— L'infant don Miguel est attendu incessamment à Paris,
d'où il se rendra en Angleterre avant d'aller à Lisbonne prendre possession de la régence, dont il a été investi par déléga-
tion de son frère l'empereur don Pedro.

(*Courrier français*.)

— Lisbonne, 3 octobre. (Correspondance particulière.) Samedi 19, jour de Saint-Michel, des ecclésiastiques ont fait
entendre, du haut de la chaire évangélique, des discours in-
cendiaires pour provoquer des vengeances, en proclamant le
prochain avénement au trône de don Miguel Ier., *roi absolu.*
On dit que l'on a remarqué particulièrement le discours qui a
été prononcé dans ce sens, ce jour-là, dans l'église de l'Incar-
nation. Les amis de la vérité et de la justice ont été indignés
de lire, dans le numéro d'hier 2 de la Gazette officielle, un
article inconvenant, qui paraît faire allusion à des faits de
cette nature. Bien loin de combattre les doctrines subversives
que l'on se permet de professer sans ménagement, de censurer
la conduite des rebelles, et de couvrir d'une protection légale
les constitutionnels de bonne foi, défenseurs zélés de la légi-
timité de don Pedro IV, le journal ministériel laisse entrevoir
une prédilection particulière en faveur des premiers, dont il
se plaît à couvrir les écarts et à adopter les principes et les
vues. Je citerai les phrases suivantes à l'appui de cette obser-
vation : « Le vertige révolutionnaire.... Ses sujets (*os seus sub-*

» *ditos*), en parlant de l'infant don Miguel.... Lui seul peut
» leur procurer les bienfaits qu'ils attendent.... Ce même au-
» guste seigneur (*do mesmo augusto senhor se podem esperar,*
» *porque sò elle pòde reunir os animos*) est le seul qui puisse
» réunir les esprits.... Ceux qui ont blessé notre amour-
» propre, ou qui, par hasard, se sont montrés *nos ennemis*
» (sans doute les amis de la Charte constitutionnelle).... Notre
» générosité combattra leur délire, et, honteux de leurs er-
» reurs, ils seront convaincus de la fausseté de leurs princi-
» pes.... » Il est à noter que le ministère n'a fait jusqu'à présent qu'une seule publication officielle (le samedi 22 septembre) au sujet de la nomination de l'infant don Miguel, et que
dans le dernier article, où on lit les passages ci-dessus, on se
borne à dire que S. A. vient pour gouverner le royaume (*para
governar estes reinos*), sans faire mention du titre de *régent*,
le seul reconnu par la constitution. Cette indication équivoque
et fort imprudente sert de prétexte aux agitateurs, et favorise
les espérances coupables et les projets sinistres qui entretien-
nent cette vive inquiétude qui agite les esprits. Il n'y a qu'une
voix pour critiquer le gouvernement de ne s'être pas expliqué
d'une manière plus claire, plus nette et plus positive, en an-
nonçant à la nation une mesure de la plus haute importance
dans les circonstances actuelles.

On a arrêté les domestiques du général Saldanha, et même
un nègre son valet de chambre de confiance. Le but de ces
arrestations est facile à saisir. On trace une ligne de circonval-
lation pour pouvoir diriger des coups plus haut. Au reste, le
système de rigueur et de compression violente que l'on ne
cesse de suivre, ne permet plus de douter que l'échafaudage
mesquin et ridicule du prétendu républicanisme et des procla-
mations républicaines, ouvrage de la secte, n'ait eu pour objet de servir d'echo à la circulaire diplomatique du comte *da
Ponte*, contre une *démagogie* imaginaire, afin de frapper l'esprit de don Pedro IV, que l'on suppose être fortement pré-
venu contre les opinions de ce genre qui se sont manifestées
au Brésil ; opinions repoussées par les habitudes et les mœurs
actuelles des Portugais.   (*Constitutionnel.*)

Hier au soir, quelques maisons qui avoisinent l'hôtel de l'intendant-général de la police étaient illuminées à l'occasion de la Saint-Michel ; cet exemple n'a trouvé dans les autres quartiers de la ville qu'un très-petit nombre d'imitateurs.

Toutes les forces espagnoles qui occupaient Ayamonte et les environs, ont reçu l'ordre de se retirer sur Séville , dans la crainte, dit-on, que l'Andalousie ne se mît en insurrection.

Il circule ici une proclamation faite par les partisans de S. A. R., pour annoncer qu'il va venir prochainement prendre les rênes du gouvernement et rendre ce pays heureux ; après de pompeux éloges sur les vertus du prince, on accuse le comte de Villa-Flor, le baron de Renduff, et autres qui avaient de l'influence sur son père , d'avoir forcé S. M. le roi Jean VI à éloigner de ce royaume cet ange, ce fils chéri et adoré ; mais bientôt, disent-ils , il viendra, armé du glaive de la justice, pour châtier les méchans et récompenser ses fidèles sujets. Cette proclamation a été trouvée affichée à la porte d'une église, et a été enlevé aussitôt par la police.

A Aliandra, des rassemblemens ont eu lieu avant-hier, aux cris de *vive Michel Ier.*, *roi absolu;* ces cris ont été suivis de menaces contre les constitutionnels Mais le corrégidor, homme actif, a dissipé ces rassemblemens, et tout est rentré dans l'ordre. (*Ibid.*)

— Nos journaux apostoliques continuent à insulter tous les personnages qui, par leur dignité ou leurs places, se sont montrés les défenseurs de la Charte et des droits de Pedro IV. On paraît n'avoir d'autre but que de diviser la nation en deux partis, y établir la guerre civile, et préparer une nouvelle invasion en appelant une autre fois les rebelles dans le pays.
(*Constitutionnel* et *Débats.*)

— Déjà les plus exaltés de la faction Sylveira ont laissé échapper, dans leur joie féroce, que la princesse dona Isabella-Maria ne tarderait pas à être renfermée dans un couvent. Ces hommes inexorables pardonneront difficilement le zèle patriotique que S. A. a déployé d'abord pour faire exécuter les ordres de don Pedro IV, et soutenir la Charte constitutionnelle.
(*Ibid.*)

— Plusieurs personnages très-marquans, sur les seuls bruits de l'arrivée de l'infant don Miguel, ont songé à passer à l'étranger. Déjà M. le baron de Renduff est parti pour Bruxelles. En 1825, partisan de l'infant don Miguel, ce personnage dut, aux sollicitations du jeune prince, la place d'intendant-général de la police ; mais lorsque le fils méconnut l'autorité de son père, son protégé, loin de favoriser ses vues, déploya au contraire beaucoup de vigueur contre ses partisans. Il est probable que l'infant ne l'a pas oublié, et c'est dans cette persuasion que M. Renduff a quitté le Portugal, d'où le comte de Paratti va s'éloigner aussi.

La police nourrit les inquiétudes des citoyens en multipliant les arrestations. On assure que tous les censeurs des journaux libéraux vont être mis en jugement.

Le bruit s'est répandu parmi les émigrés espagnols, dont on a formé plusieurs dépôts, qu'aussitôt l'arrivée de l'infant don Miguel, ils seraient livrés au gouvernement espagnol. Aussi, depuis plusieurs jours, ces dépôts sont considérablement affaiblis. On compte jusqu'à vingt déserteurs par jour ; et déjà deux bandes, l'une de soixante hommes, commandée par M. Roll, lieutenant de cavalerie, et l'autre de cent hommes, commandée par M. Afensi, ont pénétré sur le territoire espagnol, où ils ne tarderont pas à être rejoints par le reste des dépôts.

(Journal du Commerce.)

— Les Espagnols réfugiés en Portugal sont fort inquiets. Malheureusement ils n'ont que trop de sujets de l'être. Le bruit court que l'on veut placer sur des navires, dans le Tage, ceux de ces infortunés qui sont réunis dans les dépôts de Santarem et de Cascaes. Veut-on, par hasard, renouveler les horreurs des pontons de Plymouth, dont les braves de l'armée française conservent de cuisans souvenirs ? (Constitutionnel.)

— Depuis quelques jours, plus de deux cents militaires espagnols ont déserté des dépôts de Belem et Santarem ; on croit qu'ils vont se réunir à une guérillas constitutionnelle forte de quatre cents hommes, qui se trouve dans le district de Coria.

(Journal des Débats.)

ESPAGNE.

La lecture de toutes les suppressions qui suivent apprendra des faits dignes d'être connues de nous.

On remarquera le soin religieux avec lequel la censure s'applique à empêcher de laisser percer parmi nous, aucune nouvelle des mécontentemens que donne au gouvernement de S. M. C., le clergé de son royaume. On verra aussi que toute rébellion doit être ignorée du monde, quand elle a un ecclésiastique à sa tête. Apparemment que c'est l'inquisition elle-même qui fait ici la censure, et c'est par envie que les agraviados ont pris les armes; ils veulent qu'à tout'le moins les mêmes bienfaits soient communs aux deux empires, et ce sont eux qui crient aujourd'hui : Plus de Pyrénées. '

— On avait prévu que les mécontens de la Catalogne pourraient être refoulés sur le territoire français , et l'ordre avait été donné , en conséquence, de leur fournir des vivres , et de les diriger sur l'intérieur, après les avoir désarmés ; mais on n'avait pas présumé que pareille chose pût arriver aux troupes royalistes ; de sorte que, lors de l'évacuation de Puycerda par ces troupes , l'intendant de Mont Louis n'a pu faire délivrer des vivres aux trente soldats du 3e. léger espagnol, qui ont été nourris par nos soldats. Lors de l'engagement qui eut lieu près la frontière , deux paysans français ont été tués à leurs fenêtres par des balles destinées aux soldats espagnols.

(Journal du Commerce.)

—J'ai en mon pouvoir un des derniers numéros d'un journal que publient les insurgés sous le nom d'El Catalan realista. On lit dans cette feuille l'avis suivant :

« Le bruit s'est accrédité que S. M. T. C. a fait publier dans le Roussllion un ordre que tous les royalistes espagnols soulevés, dans le cas où ils seraient obligés de se réfugier en France, soient aussi bien reçus qu'ils l'ont été pendant les années 1822 et 1823.

» Nos troupes se sont touvées à Mataro avec les troupes de S. M. T. C., qui n'ont incommodé en rien nos soldats dans leurs opérations administratives ou militaires.

» La junte insurgée de Manresa vient de faire la proclamation suivante , qui est également publiée dans le journal ci-dessus mentionné ·

« La junte supérieure provisoire du gouvernement établi à Manresa s'adresse à vous pour manifester les sentimens qui l'animent.

» Foulé aux pieds, tourmenté d'une manière lâche et vile par les agens de la révolution de l'an 1820, ce malheureux royaume subirait de nouveau le joug constitutionnel. Dès lors, des malheurs et des persécutions ont été partout le partage des fidèles serviteurs du trône et de l'autel. Les fers, les chaînes, les exils nous menaçaient, si le courage intrépide de quelques Espagnols, bravant toute espèce de dangers, n'eût su, pendant qu'il en était encore temps, nous rappeler le besoin impérieux de secouer ce honteux esclavage. La voix de ces braves a été entendue par les Catalans qui, depuis long-temps, se seraient déjà montrés, si des lâches, mus par leurs intérêts personnels, ne les eussent contenus. Les Catalans étaient décidés à se sacrifier plutôt que de consentir que la moindre atteinte fût portée aux droits de leur roi absolu et à leur religion.

» La ville de Manresa offre à l'univers un spectacle peut-être sans exemple dans l'histoire ancienne et moderne. Vous qui êtes encore restés spectateurs froids, décidez-vous sans retard, n'allez pas ternir la fidélité dont vous avez déjà donné des preuves incontestables ; écoutez la voix des héros immortels sacrifiés par les révolutions passées. De la nuit des tombeaux ils nous indiquent ce que nous pouvons, si nous élevons notre patriotisme au niveau de leurs vertus. Écoutez-les ! Voyez comme ils encouragent vos efforts, comme ils vous encouragent à écouter les conseils de vos ancêtres, à vous enrôler sous les drapeaux, à ne redouter aucun sacrifice ! Ecoutez ces soldats courageux, et soyez l'exemple du pouvoir de la discipline ! Que les autres provinces vous prennent pour modèle , qu'elles viennent à notre aide, qu'elles s'identifient avec nous et sachent produire les miracles que produit notre sol. Puisse-t-il en être ainsi.

» Tout le monde peut être certain que cette junte suprême

provisoire n'épargnera rien pour remplir dignement la grande mission à laquelle elle est appelée.

» Manresa, 28 septembre 1827.

» *Signé*, Augustin Saparès, président ; Jose Quimper, membre ; Fr. Francisco de Asis Vinader, membre ; Magin Pallas, membre ; Bernardi Scnmarti, membre.

(*Constitutionnel.*)

— Le bruit a couru à Barcelone que le roi Ferdinand s'était décidé à faire le voyage, parce que l'infant don Carlos lui avait fait la proposition de venir lui-même combattre les rebelles.   (*Ibid.*)

— Il paraît qu'à Valence les royalistes voulaient exciter des troubles, ils avaient même l'intention de s'emparer de la citadelle et du principal corps-de-garde de la ville, mais ils n'ont pas réussi ; c'etait précisément la veille du jour où le roi devait faire son entrée dans cette capitale · la nouvelle que le roi devait arriver le lendemain contribua beaucoup à calmer les esprits et à pacifier surtout. Neanmoins il paraît qu'on n'épargne pas les cris de *Vive le roi absolu ! meurent les negros ! vive l'inquisition !*   (*Ibid.*)

— Perpignan, 6 octobre. Correspondance particulière. — Le maréchal de camp d'Arbaud-Jóuques et le capitaine d'etat major Chapelier ont été envoyés par le général Reiset à Tarragone auprès du roi Ferdinand.

Lorsque le roi fut sur le point de passer l'Èbre, qui sépare les deux provinces de la Catalogne et de Valence, le comte d'Espagne écrivit d'Amposta, ville située sur la rive droite du fleuve, à toutes les autorités locales des vigueries de Tortose et de Tarragone, une circulaire qui fut portée de population en population jusqu'aux portes de Tarragone, pour que la route royale qui traverse toute cette partie de la Catalogne ne fût occupée par quelque individu que ce fût, ni curieux, ni voyageur, sous peine d'être puni suivant toute la rigueur des lois. La route fut en effet abandonnée, et les bergers mêmes, qui mènent paître leurs troupeaux sur les montagnes qui avoisinent la route aux environs du col de Balaguer, les dirigèrent sur Pradip et Val-de-Lop.

S. M. passa le fleuve le 27 ; son escorte marchait dans l'ordre suivant · 3oo hommes de cavalerie formaient l'avant-garde et marchaient à une petite lieue de distance de la voiture du roi ; les hauteurs et les défilés étaient occupés dès la veille par les troupes légères de l'escorte. Une batterie d'artillerie légère se porta sur le col de Ralaguer, et y prit position ; 2,000 hommes d'infanterie, 1oo chevaux et deux pièces de canon précédaient la voiture du roi ; venaient immédiatement après 5,ooo hommes d'infanterie, 6oo chevaux et quatre pièces d'artillerie.

La colonne se mit en marche au pas accéléré, et le roi arriva sans être inquiété à l'Hospitalet, lieu désigné pour sa dînée. L'infanterie étant extrêment fatiguée et hors d'état de continuer sa route pour arriver ce jour-là à Tarragone, ainsi que le marquait l'itinéraire, S. M. jugea à propos de coucher à l'Hospitalet.

Le lendemain 28, à la pointe du jour, les troupes de l'escorte se mirent en mouvement, et l'arrière-garde fut renforcée. Le roi se mit en route, et, voyant que les différens corps de rebelles se portaient en masse sur sa gauche pour lui disputer le passage de la rivière de Cambritz, il ordonna lui-même à toute son escorte de faire face aux rebelles, et ne garda avec lui que très-peu de monde. On se battit au village de la Car-rouge pendant que la voiture du roi montait le Col-Blanc, lieu d'où l'on découvre la ville de Tarragone. Dès que la voiture y fut parvenue, S. M. donna l'ordre à son cocher de presser la marche, et il arriva aussi vite qu'un éclair sous les murailles de cette ville ; l'artillerie de la place avait à peine tiré quatre coups de canon, que le roi était rendu dans son palais ; il donna ordre de faire cesser les salves qu'on tirait en son honneur. S. M. avait traversé toutes les rues de Tarragone sans que la population eût manifesté par des *vivats* la joie que devait lui occasionner son heureuse arrivée ; le roi en parut très-affecté, et en manifesta hautement sa mauvaise humeur.

Le jour même de son arrivée, le roi fit publier la proclamation du 28 septembre. (Voyez *le Constitutionnel* du   octobre.) Les troupes prirent position hors de la ville, et bivouaquèrent : celles qui entrèrent dans la ville ne furent point casernées ; elles occupèrent et prirent logement dans tous les couvens de la ville. Le 29 au matin, la proclamation fut connue de tous les corps des rebelles. Les chefs, croyant sans doute pouvoir en imposer aux troupes du roi, et les attirer dans leur parti, comme cela était déjà arrivé d'autres fois, se décidèrent, dans l'après-midi, à les attaquer : le combat dura trois heures ; le roi, de la terrasse de son palais, observait tous les mouvemens ; enfin, voyant l'opiniâtreté des rebelles, un mouvement d'impatience le prit : il jeta sa lunette d'approche, et ordonna à la cavalerie de les charger, et de passer au fil de l'épée tous ceux qui seraient pris. Les rebelles furent mis en déroute et gagnèrent les montagnes ; les troupes du roi reprirent leurs positions sous Tarragone. Le P. Pugnal et un autre moine franciscain ont été faits prisonniers.

L'audience royale de Barcelone a reçu ordre de se rendre à Tarragone, ainsi que tous les évêques, abbés, prieurs, gardiens et autres chefs des corps religieux de la province. A Igualada et à Villa-Franca de Panades, les chefs de bande ont fort mal reçu la proclamation du roi. A Igualada, les prêtres et les moines ont pris les armes et crié *muero el rey !* A Villa-Franca, les moines ont publié eux-mêmes, à son de trompe, la proclamation du roi, et ont ordonné au peuple de ne pas y obéir.

Le 2 octobre, le roi, parcourant différens appartemens du palais, rencontre l'archevêque de Tarragone avec six chanoines ; il mit la main sur l'épaule de l'archevêque et lui dit : *Toi et autres, vous êtes la cause de tout ceci.*

Ugnate, chef de la police de Barcelone, a voulu se présenter à Tarragone. Le roi lui a fait dire que, connaissant sa conduite, il ne voulait désormais le voir qu'à une distance d'une portée de canon. Il en a été de même de Victor Saez, évêque de Tortose, qui s'était rendu à Vinarez pour présenter ses hommages au roi ; S. M. n'a pas voulu le recevoir. L'alcade de Mont-Blanc, qui avait été destitué comme *negro* par Ugnate, a été nommé à sa place intendant de la police de Catalogne.

On assure qu'un chef de bande, nommé Vidal, a révélé au roi toute la conspiration, et lui a remis des papiers de la plus grande importance.

Il se présente journellement à Tarragone des *agraviados* qui demandent à profiter de l'amnistie. Il en est de même à Barceloue. Le général français est sorti de cette place dimanche dernier avec 2,000 hommes d'infanterie, 300 chevaux et 2 pièces de canon. Il occupe les villages de Saint-André, Sarvia et Gracia. Une division de l'armée d'opération se dirigea sur Girone ; elle doit coucher aujourd'hui à Granolles.

Le blocus de Gironne est toujours dans le même état. Les différens chefs qui y commandent ont leur quartier-général à Palau Salosta ; ils n'ont pas voulu croire à la proclamation du roi ; ils ont envoyé à Tarragone différens officiers pour prendre des informations.

Aujourd'hui est arrivé à Perpignan le maître tailleur de leur division pour acheter des casques pour la cavalerie ; il était porteur d'un passe-port en date du 5, signé par don Raphaël Bosch et Ballester, colonel d'infanterie et commandant une des divisions royalistes des districts de Mataro et Girone, défenseurs de S. M. le seigneur don Ferdinand VII, et de la tranquillité publique dans la principauté de Catalogne   (*Ibid.*)

— Pendant toute la durée de l'action de Tarragone, le roi s'est tenu, une longue-vue à la main, au haut du clocher de Tarragone, ville qui n'est eloignée de celle de Reuss que de trois petites lieues. Des personnes qui se trouvaient alors auprès de S. M., ont assuré que très-souvent elle a quitté sa longue-vue et l'a donnée à son ministre Calomarde, en l'engageant à remarquer des moines que le roi croyait avoir vus dans la mêlée.

(*Ibid.*)

— L'insolence du Caragol était telle, qu'il disait aux habitans du village : *Allez à Tarragone, voir le roi de cœur.*

(*Ibid.*)

— A Figuières, on sonnait le tocsin contre les agraviados : personne n'a bougé.   (*Ibid.*)

— On a reçu à Marseille, 6 octobre, par voie de mer, les nouvelles suivantes de la Catalogne :

« Il paraît avéré qu'au col de Balaguer, l'escorte de S. M. Ferdinand VII a reçu une décharge de coups de fusils, et a eu un homme blessé. »   (*Courrier français.*)

— « A la sortie de la bourse, on a appris que le gouverneur de Gironne a fait mettre en état d'arrestation l'évêque de cette ville, ainsi que quinze personnes environ, tant ecclésiastiques que bourgeois ; il a de suite transmis un rapport au roi, que l'on sait être toujours à Tarragone.

» Hier sont arrivés ici deux bâtimens venant de Tarragone, d'où ils sont partis le 4 du courant. Quelques passagers ont rapporté que le roi paraissait profondément affligé des mesures de rigueur qu'il était obligé de prendre, et qu'il se promenait avec tristesse. S. M. a surtout appris avec regret qu'un détachement d'une centaine d'hommes sortant de Tarragone et se dirigeant sur Reuss, qui n'en est cloigné que de trois heures de chemin, avait été attaqué par les rebelles et forcé de se replier. Un des soldats était parvenu à faire prisonnier un moine qui commandait à une partie des rebelles · le roi avait daigné récompenser lui-même l'action courageuse de ce militaire.

» D'autres bâtimens, arrivés de la côte du Lampourdan, ont annoncé que, le 5 du courant, environ quinze cents rebelles étaient entrés à Cadaquès (près du cap de Creus), où ils ont exigé une contribution, et qu'un ou deux jours auparavant les rebelles étaient aussi entrés dans une ville du district de Gironne, où, ayant trouvé quelque opposition, ils avaient fait pendre le bailli et le secrétaire de la municipalité. »

(Ibid.)

— Les lettres de Vinaroz, du dernier courrier, mandent qu'aussitôt que le roi eut quitté cette ville, les rebelles étaient retournés occuper les mêmes points dont ils avaient été chassés pour le passage du roi.

(Ibid)

— Le parti des rebelles ne paraît pas complètement découragé ; car dans leurs déroutes ils se débandent, se sauvent sur les montagnes, et reparaissent bientôt avec des forces plus formidables pour recommencer leurs excursions et leurs excès.

(Constitutionnel.)

— Accoutumés à un système constant de déception, les chefs des agraviados doutent de la réalité de la proclamation royale du 28 septembre. Des envoyés ont été chargés d'aller s'en assurer, et l'on s'attend à une soumission générale, dès que la sincérité de ce décret du souverain aura été reconnu.

(Journal des Débats.)

— De cinq particuliers qui s'étaient rendus auprès du roi, trois, dit-on, ont été condamnés au supplice de la garrotte, et les autres retenus prisonniers. Cette nouvelle n'est point probable. Ce qui est le plus admissible, c'est le dessein du roi de faire quelques concessions aux mécontens. Le texte même de la proclamation de S. M. ne semble point exclure cette idée, qui se trouve reproduite par plusieurs correspondans des journaux du midi. Aussi, le Jep dels Estanys, dans la proclamation publiée par le dernier numéro connu de la *Gazette de Manreza*, repousse-t-il de toutes ses forces la qualification de carlistes, déclarant que celle d'agraviados est la seule qui convienne aux défenseurs et véritables amis de la monarchie.   (*Journal du Commerce*)

— Il paraît qu'aussitôt que les forces maritimes qui ont reçu l'ordre de se rendre dans les eaux de Tarragone, y seront réunies, le roi rendra un décret par lequel il exilera dans les îles Baléares, les Canaries et les Philippines, selon la gravité du délit de chacun, tous les ecclésiastiques séculiers et réguliers qui se trouveront compromis dans les intrigues des révoltés ; mais pour ceux de ces ecclésiastiques qui, non-seulement y auront pris part indirectement, mais qui auraient pris les armes ; ils seront jugés militairement, et conformément aux lois qui régissent le nouvel état qu'ils ont embrassés.

(*Journal des Débats.*)

— Le comte d'Espagne, disent les mêmes lettres, ne paraît pas plus disposé que le roi en faveur des chefs des rebelles ; car il a dit publiquement à plusieurs députations du clergé qui sont venues se présenter à lui, qu'il épargnerait moins la potence aux ecclésiastiques séculiers ou réguliers qui pourraient se trouver compromis dans le soulèvement de Catalogne, qu'aux individus des dernières classes du peuple, parce que ceux-ci avaient été entraînés, tandis qu'une coupable ambition pouvait avoir conduit seulement un ecclésiastique à se jeter dans la révolte.   (*Idem.*)

— L'évêque de Vich n'a pas encore paru · on dit qu'il est malade ; mais il paraît qu'en général les prélats de la Catalogne craignent l'indignation du roi.   (*Constitutionnel.*)

— Dernièrement, l'officier qui était de garde au palais ayant eu une conversation assez animée avec une autre personne, M. Calomarde descendit pour s'informer de ce que c'était :

« J'ai dit, répondit l'officier du poste, que ce sont les moines qui sont la cause de ce qui se passe en Catalogne. » *Et les chapitres ecclésiastiques aussi*, ajouta M. Calomarde.   (*Idem.*)

— Le gouvernement espagnol a ordonné au commandant général de la Biscaye de faire arrêter et mettre en lieu de sûreté tous les ecclésiastiques qui se trouveraient compromis dans les intrigues qui ont eu lieu dernièrement dans cette province. Plusieurs curés ont été arrêtés et conduits, garrottés, à Saint-Sébastien ; du nombre des curés arrêtés est celui d'Irun.

(*Ibid.*)

— Ce nom de Pugnal est sans doute un sobriquet. *Pugnal*, en espagnol, signifie *poignard*. Le surnom n'est pas mal choisi pour un moine.   (*Courrier Français.*)

Madrid, 8 *octobre.* — A Alava, un curé s'est mis à la tête d'une bande de 150 hommes, et proclame les principes des rebelles de la Catalogne.

On a conduit à Saint-Sébastien plusieurs autres ecclésiastiques arrêtés dans la province de Guipuzcoa.

A Pampelune, M. Lacarra, archidiacre de la cathédrale, a reçu l'ordre de se rendre à Madrid. On avait des soupçons sur son compte. C'est ce même M. Lacarra qui fut en 1823 président de la junte royaliste de la Navarre, et joua la démence lorsqu'il se vit arrêté par les constitutionnels.

(*Journal du Commerce.*)

— A Salamanque, à Burgos, à Valladolid, et en général dans toutes les villes de la Vieille-Castille, et dans celles de la province de l'Alcaria, on fait de nombreuses arrestations. Ces deux provinces étaient entièrement minées par les apostoliques, et le moindre échec éprouvé par l'expédition du roi, aurait été le signe d'un embrasement général que le gouvernement aurait été hors d'état d'empêcher.

On dit aussi, depuis hier, que de nombreuses arrestations vont avoir lieu à Madrid.

Aucune des personnes arrêtées n'a, jusqu'à présent, été mise en liberté ; les procédures vont leur train ; et ce qui prouve la partialité que le gouvernement met dans cette affaire, c'est le soin qu'il met à en tenir les circonstances secrètes ; en effet, quels accusateurs produit-il contre des personnes respectables? quatre espions de police, trois laquais du *Regidor das Justicias*, un chantre de la cathédrale, un marchand de lampions, et plusieurs autres individus dont quelques-uns ont émigré en Espagne, et ne sont rentrés en Portugal qu'à la suite du marquis de Chaves.   (*Constitutionnel.*)

AFFAIRES MONASTIQUES DE FRANCE.

Le même soin avec lequel la censure veille sur les rébellions des religieux de la Péninsule, préside à l'étouffement des conquêtes que font les nôtres. C'est assez dire dans quel intérêt nous sommes régis.

== On écrit de Marseille, 6 octobre :

« Le 1er. du courant, il y a eu à Marseille une procession pour l'installation des Capucines dans le nouveau couvent, estimé, y compris le terrain, 250,000 fr. Ce couvent est assez spacieux pour contenir 84 cellules, outre les autres appartemens. Il paraît surprenant qu'un couvent d'ordre mendiant ait pu avoir autant d'argent pour un pareil édifice. Chaque semaine un frère lai vient dans toutes les maisons faire une quête en argent. La mendicité est autorisée pour cet ordre ainsi que pour celui des Claristes, qui fait également quêter toutes les semaines par un frère lai.

» Les Capucins se sont aussi installés dans un local beaucoup plus grand que celui qu'ils occupoient; ils quêtent en ville et sur les marchés. »   (*Journal des Débats.*)

— Une lettre de Marseille citée par le *Précurseur*, donne quelques détails sur la prise de possession de leur nouveau couvent par les religieuses capucines.

Le Journal de la Méditerranée, du reste fort bien disposé pour les bonnes sœurs, fait au sujet de cette translation la réflexion suivante : « Une chose étrange et que nous blâmons, c'est d'avoir vu ces religieuses accompagnées ou plutôt entourées de plusieurs hommes bien intentionnés sans doute, mais dont les bonnes intentions etaient à coup sûr mal entendues, faisant une espèce de quête bruyante en faveur de ces saintes filles, qui méprisent les biens communs d'ici-bas pour ne s'occuper que du ciel. »   (*Journal du Commerce.*)

—On écrit de Marseille , 9 octobre · « M. le comte Portalis, pair de France, membre du conseil général des prisons , a visité les deux prisons de cette ville , accompagné de MM. les membres de la commission et de M. le préfet. Il a paru très-satisfait de ces deux établissemens , de la soupe et du pain que l'on distribue aux prisonniers , du régime qui s'y exerce, de la propreté des locaux. On a beaucoup parlé de cette visite , et on a appris avec peine que M. le comte Portalis n'avait pas été informé qu'il existait , sous la direction de M. Carle, curé de Saint-Ferréol, une association de dames, dite *œuvre des prisons*, qui, tous les trimestres , quêtaient en ville *pour les prisonniers* , mais qui détournaient la plus grande partie des aumônes destinées à ces malheureux, en faveur des *pauvrés religieuses.* Cependant ni M. le préfet , ni les membres de la commission n'ignorent ce fait. »   (*Journal des Débats.*)

Sur la demande de M. l'archevêque de Lyon, M. le maire a mis à la disposition du supérieur du séminaire douze tableaux déposés dans la bibliothèque de cette ville depuis le jour où, pendant la révolution , ils furent enlevés des maisons religieuses.

Il faut croire que M. le maire de Lyon n'aura pas disposé ainsi d'une propriété de la commune sans l'approbation du conseil municipal.   (*Journal du Commerce.*)

AFFAIRES COMMERCIALES.

Le commerce est si peu en odeur de sainteté près du ministère qu'on proscrit jusqu'à son nom, jusqu'à ses mercuriales, jusqu'à ses louanges, les louanges dont un acte ministériel est payé. Que l'administration bravât les publics mépris, c'était chose qui devait suffire ; mais que la censure repousse, au nom de ses maîtres, jusqu'aux actions de grâce de la France , cette insolence passe décidément toutes les bornes. Craint-elle qu'ils soient étourdis d'encens ?

— Au dernier marché le prix des farines a encore augmenté. On a payé celles de Beauce de 72 à 74 fr. ; celles de

Brie de 70 à 71 fr.; celles de Senlis de 68 à 69 fr. Les petites farines restent toujours sans cours bien déterminé.

(*Courrier français.*)

— On annonce qu'une mesure très-avantageuse, et depuis
long-temps désirée par le commerce, vient de triompher de
tous les obstacles qu'on opposait à son adoption. Les navires
qui étaient retenus à Pomègue pendant une quarantaine plus
ou moins longue, ne seront plus obligés d'en attendre le terme
pour se diriger vers d'autres ports, si leur convenance l'exige ;
il leur sera facultatif de partir après avoir débarqué leur car
gaison au lazaret. Les rigoureuses prescriptions dont ils étaient
jusqu'ici l'objet, devenaient très-nuisibles aux équipages, par
l'inertie dont elles les frappaient pendant des mois entiers ; aux
armateurs, en ce qu'elles aggravaient leurs frais ; et au commerce surtout, auquel elles occasionaient des frets onéreux, re-
fluant conséquemment sur les marchandises ; c'est de là que
provenait la difficulté, à l'étranger, de noliser pour Marseille.
Les capitaines préféraient les places de Livourne, Gênes, etc.
Cette mesure n'a rien qui puisse alarmer la santé publique,
puisque les motifs de cette faculté seront relatés dans les pa-
tentes. On désire que cette nouvelle réforme obtienne prompt-
tement l'approbation du ministre de l'intérieur, à qui elle a
été soumise pour en autoriser l'exécution.

(*Constitutionnel.*)

— Plus d'une fois nous avons exprimé le desir de voir changer le mode de quarantaine suivi à Marseille. Les vœux du
commerce, dont nous étions les organes vont être satisfaits à
cet égard.

C'est également avec une vive satisfaction que nous voyons
le Messager s'attacher à faire prévaloir les maximes de la liberté
du commerce, qui finiront par triompher. « Les fabrications
de savon ont eu beaucoup d'activité pendant le trimestre dernier, dit ce journal ; le travail des raffineurs de sucre, au contraire naguère si animé, s'est ralenti. On en attribue la cause
aux troupes du Levant, qui anéantissent le commerce avec ces
contrées. Nous ne serions pas éloignées d'indiquer principalement l'origine du mal dans le système exclusif de douanes qui
pèse sur l'introduction des matières premières. Croit-on sincè-

rement favoriser nos colonies? Est—on bien sûr que notre balance commerciale gagne de ce côté ce qu'elle perd dans les échanges qui pourraient résulter avec plusieurs autres pays de production ? Ce privilége crée d'ailleurs des abus dans nos colonies, où l'on est sûr que l'impérieux besoin nous fait admettre leurs qualités quelles quelles soient.

(Journal du Commerce.)

REVENUS PUBLICS.

L'exemple de tous les empires apprend que sous les influences semblables à celles qui nous dominent, il n'y eut jamais pour les nations que ruine et décadence. L'opposition l'a dit sans cesse ; on ne l'a point écoutée, et voici venir le déficit.

—— Le journal de la préfecture de la Haute-Loire contient la circulaire suivante :

« Au Puy , le 8 octobre 1827.

» Le maître des requêtes , préfet de la Haute-Loire , à MM. les percepteurs du département.

» Messieurs ,

» Je me suis fait représenter l'état de situation du recouvrement des contributions directes , et j'ai vu avec peine que, loin d'être satisfaisant , il faisait apercevoir un arriéré considérable dans le paiement des douzièmes échus.

» Dans le moment actuel il n'existe plus ni motif ni prétexte qui puissent justifier le retard apporté à la rentrée des contributions , et les percepteurs se rendraient bien coupables s'ils n'employaient tous les moyens que la loi a mis dans leurs mains pour faire cesser un état de choses qui nuit autant à l'intérêt des contribuables qu'au bien du service.

» Sous ce rapport, il en est plusieurs d'entre vous , Messieurs , principalement dans l'arrondissement du Puy , dont la situation défavorable présente un arriéré considérable , et signale l'extrême négligence qu'ils apportent à remplir leurs devoirs.

» Vous le savez, Messieurs, les instructions du gouvernement prescrivent des mesures de rigueur lorsqu'une vérification donne lieu de reconnaître des irrégularités ou des retards
soutenus. Ainsi, ces moyens de rigueur seraient employés im-
manquablement, dans les premiers jours de novembre prochain, si le recouvrement ne présentait pas une amélioration
sensible, et si la prochaine vérification ne trouvait pas à cette
époque chacun de vous à son courant.

» J'ai l'honneur, etc.　　　　　　　AR. DE BASTARD. »

(*Courrier Français.*)

— La première condition pour réfuter, c'est de lire ce qu'on
réfute. Si *le Moniteur* avait lu ce que nous avons écrit sur la
diminution du revenu de l'année, il ne nous eut point accusé
de supposer que les recettes de 1826 étaient la base du budget
de 1828. Nous avons exprimé positivement le contraire, et
nous avons admis que le budget de 1828 reposait uniquement
sur les recettes de 1823. Au reste, nous aurions pu dire ce
que nous attribue *le Moniteur* sans commettre une erreur aussi
grave qu'il le croit. C'était sur les recettes de 1826 que le ministère avait voulu baser ses prévisions de 1828, et sur les
observations des chambres, à l'aspect d'une diminution ex-
traordinaire dans le revenu du premier trimestre, il a abandonné ses premiers calculs; c'est ainsi qu'il a échappé au déficit. Mais que serait il arrive, si on avait accordé les 24 millions d'accroissement dont il faisait la demande? qu'arrivera-
t-il, si la dépense imprévue vient, comme il est toujours
arrivé, accroître la dépense prévue de 40 à 50 millions?

Au reste, ce qui demeure constant, c'est que le revenu de
l'année courante est déjà diminué de près de huit millions,
par rapport à l'année précédente; c'est que la diminution porte
sur le timbre, sur les boissons, et surtout sur les douanes, ce
qui exprime plus particulièrement la souffrance de l'industrie
et du commerce; nous n'avons pas voulu constater autre chose.

Pendant que le revenu diminue chez nous il augmente en
Angleterre. *Le Moniteur*, redoutant les objections qu'on peut
tirer de cette comparaison, les dévance, et prétend que l'année dernière le revenu anglais diminuait, tandis que le notre
augmentait, et que c'est notre tour de subir une diminution;

qu'enfin nous avons moins augmenté et diminue que l'Angleterre · que le plus et le moins n'ont pas été aussi considérables
chez nous , et que par conséquent la crise n'a pas été aussi
grave. C'est une triste consolation pour nos souffrances que de
nous alléguer celles des autres ; mais en se payant même de
cette raison , il n'en demeure pas moins vrai que tandis que la
crise commerciale a cessé en Angleterre , elle dure encore en
France , et que ses effets s'y prolongent d'une manière qui
étonne les plus vieux commerçans. Ne pourrait-on pas attribuer
cette plus grande durée de la crise aux inquiétudes répandues
dans les esprits par la marche politique de l'administration ?
Enfin , quant à cette autre consolation que la crise a été moins
grave parce que nous avons moins éprouvé de hausse et de
baisse dans le revenu , elle est aussi puérile que la précédente.
Cette différence signifierait tout simplement que nous avons
moins fait d'affaires, et que gagnant moins, nous étions exposés
à perdre moins aussi. En un mot, les raisonnemens du *Moniteur* peuvent se réduire à ces paroles . Consolez-vous, car vos
voisins souffraient l'année dernière ; consolez-vous car vous
avez moins fait d'affaires.

(*Constitutionnel.*)

—Le ministère s'exécute de bonne grâce ; il publie aujourd'hui
le tableau comparatif du revenu en 1825 , 1826 et 1827 , du-
quel il résulte que l'augmentation de 1827 sur 1825 , qui était
à la fin de juin de 3,462,000 fr. , se trouve réduite à la fin de
septembre à 836,000 fr., ce qui établit une décroissance de
près de 4,500,000 fr. pendant le trimestre qui vient de finir ;
car pour rester proportionnelle , l'augmentation , qui était
d'environ 3,500,000 fr pour six mois, devait être de 5,200,000
fr. à la fin du 3e. trimestre. Les tableaux que nous mettons
sous les yeux de nos lecteurs montrent sur quels produits se
sont fait sentir les différences.

Le tableau comparatif de 1826 et de 1827 fait voir combien
les prévisions de l'opposition étaient fondées, lorsqu'elle avança
que le revenu de 1826 ne pouvait être pris pour base du budget prochain ; en effet déjà le revenu de 1827, comparé à celui
de 1826 , offre une diminution de près de 8,000,000 fr. , qui
s'élèverait à 10,000,000 fr. si quelques tirages heureux pour

la loterie n'avaient compensé aux dépens des *actionnaires* de cet établissement le déficit qu'on remarque principalement sur le produit des droits de douanes et de l'impôt des boissons.

Le ministère n'avait donc pas tout-à-fait tort lorsqu'il affirmait qu'on ne pouvait encore renoncer aux profits de ce jeu , dont la moralité est aujourd'hui si bien appréciée que le gouvernement des Pays-Bas songe à l'anéantir. Il est vrai que le cabinet espagnol a envoyé un agent en France pour en étudier les ressorts , afin de lui faire passer les Pyrénées. Mais si le ministère ne s'est pas trompé en voulant conserver encore quelque temps les produits de la loterie, il doit lui être maintenant démontré que c'etait l'opposition qui avait raison de soutenir que le revenu , dans les circonstances actuelles , ne pouvait se soutenir au taux où il avait été porté en 1826. Les causes qui devaient amener une diminution , un moment suspendues vers les mois de mai et de juin , ont recommencé à agir , et nous voici revenus au point où l'on en était lorsque le ministère a consenti à substituer le chiffre de 1825 à celui de 1826 pour l'évaluation du budget de l'année prochaine. Que le mouvement de diminution continue , et nous arriverons au mois de janvier avec un déficit peu considérable sans doute , mais qui, joint à celui qui devra résulter de l'augmentation de dépenses occasioné par les évenemens d'Alger et d'Orient, chargera d'autant le budget de 1828 , calculé lui-même sur des recettes qu'on n'atteindra pas , à dix millions près , dans la supposition même où la situation de l'Europe demeurerait ce qu'elle est aujourd'hui.   (*Journal du Commerce.*)

ADMINISTRATION. CONSEILS GÉNÉRAUX.

La liberté dont le *Moniteur* a flatté la France , le jour où la censure fut mise au monde, la liberté de la Charte interprétée par le ministère, la liberté du gouvernement représentatif qu'on nous fera dans le bail de 7 ans sur lequel M. de Villèle compte, consistera à avoir des conseils généraux que les préfets élisent, qui délibèrent à huis clos les intérêts des localités , et dont la presse ne puisse reproduire les doléances. La France grandira en puissance, en richesse, en gloire, pressée entre le dieu Harpocrate et le dieu Terme.

Rien ne serait plus satisfaisant, plus instructif, que de voir chaque année les notables de tous les départemens assemblés pour exprimer librement leurs besoins et leurs vœux. Si l'organisation de ces assemblées leur permettait surtout de s'exprimer avec franchise, si tous les vœux qu'ils émettent leur appartenaient, alors on verrait annuellement le véritable état du pays; les abus dont il souffre, les améliorations qu'il peut souhaiter; on connaîtrait le mal à réparer et le bien à faire. Le rapprochement des vœux contraires émis par les différens depactemens éclairerait l'intérêt local sur le ridicule ou l'injustice de ses prétentions; et ses saines idées économiques n'y gagneraient pas moins que la législation.

Nous n'examinerons pas si nos conseils généraux sont organisés aujourd'hui comme ils devraient l'être pour émettre des vœux sincères, pour exprimer les besoins de toute une industrie; nous nous bornerons à quelques réflexions sur certaines de leurs demandes. Il y a, sur certains points, un chaos de prétentions contraires, qui est affligeant; il y a sur d'autres points une unanimité qui frappe, et dont il serait curieux de rechercher la cause. Par exemple, MM. les propriétaires ne se négligent pas; dans presque tous les départemens ils demandent la diminution des droits de succession, la diminution des droits de timbre et d'enregistrement dans le cas d'achat de propriétés contiguës, l'élévation des droits d'entrée sur les blés étrangers, et par contraire la diminution des droits que l'étranger frappe sur nos vins; la diminution de l'impôt sur le sel, l'établissement de fermes-modèles, etc. De ces vœux, les deux derniers sont fort raisonnables assurément.

MM. les propriétaires font valoir une raison excellente pour la diminution de l'impôt sur le sel. Ils disent, avec M. Huskisson, que les moindres taxes sont les plus productives, parce que la diminution de l'impôt augmente la consommation, et que l'état regagne d'une manière ce qu'il a perdu de l'autre, et regagne même au delà. Il serait à désirer que ces messieurs fussent aussi éclairés sur tous les points, et fissent toujours un aussi bon emploi des théories économiques. Quant à l'établissement des fermes-modèles, rien n'est plus sage. Les propriétaires demandent encore beaucoup d'autres choses ; presque partout ils demandent l'abolition du parcours, sauf dans les départemens où l'on élève des bestiaux. Dans ceux-là, au contraire, ils demandent qu'il soit permis de les introduire dans les forêts royales Partout ils s'élèvent contre les ports d'armes, et veulent qu'on les soumette à des conditions de propriété. Il ne devrait plus y avoir, à leur gré, que les individus payant 100 ou 200 de contributions directes qui eussent le droit de port d'armes. Cette unanimité de réclamations, en faveur du même intérêt, celui de la propriété, ne prouverait-elle pas qu'elle est beaucoup représentée dans les conseils-généraux, et beaucoup plus que l'industrie et le commerce.

Par exemple, il y a beaucoup moins de vœux émis pour le commerce et l'industrie. Nous ne voyons, dans les votes des conseils généraux, aucune demande pour telle ou telle fabrication, pour telle ou telle branche de commerce. Il y a bien quelques réclamations relatives à cet objet, mais qu'il vaudrait mieux n'y pas voir ; par exemple, un département demande la suppression de l'entrepôt à Marseille, un autre demande qu'on mette des obstacles à l'entrée des soies du Piémont : c'est sans doute un vœu des propriétaires de mûriers. Les propriétaires d'oliviers demandent aussi qu'on soumette à un droit l'entrée des huiles étrangères. Si nous pouvions entendre les fabricans de soieries et les savonniers, dont on veut faire renchérir la matière première, leurs vœux ne seraient peut-être pas les mêmes, et ces contradictions nous éclaireraient. Il faut éclairer chaque intérêt par les prétentions de l'intérêt contraire ; mais pour cela, il faut qu'ils aient tous la parole.

Toutes les objections contre la liberté du commerce et de l'industrie tomberaient bien vite, si on pouvait mettre en présence, non-seulement toutes les classes d'une nation, telles que les propriétaires et les commerçans, les fabricans d'un produit et ceux d'un autre, mais les nations entre elle, l'Américain qui apporte du coton, le Suédois qui apporte du fer, le Français qui apporte du vin, du drap, des soieries et autres produits de son sol ou de son génie. En voyant qu'ils veulent tous s'imposer les uns les autres; qu'un droit frappé est suivi d'un droit contraire; qu'en frappant le coton de l'Américain ou le fer du Suédois, l'Américain et le Suédois frappent les vins du Français, peut-être s'apercevraient-ils que les prohibitions, les taxes, etc., ne sont que des represailles universelles, et qu'il est inutile de se faire un mal qui leur est rendu sur le-champ. Une pareille chose ne peut pas se faire tout de suite; une liberté absolue donnée tout à coup serait peut-être fatale; mais il faut tâcher de repandre les lumières, d'éclairer un interêt par un autre, et pour cela de leur donner parole à tous. Dans nos petits congrès départementaux, il ne serait pas mal que le commerce pût se faire entendre à côté de la propriété; que celui qui ouvre la matière première pût s'expliquer à côté de celui qui la produit.

Les conseils généraux se récrient beaucoup aussi contre le colportage; ils prétendent que le commerce établi en magasins et boutiques souffre du colportage, et fait d'autant moins d'affaires dans les bourgs et les villes, qu'il s'en fait davantage dans les campagnes. Cette prétention est encore aussi raisonnable que le sont ordinairement les prétentions individuelles. Si le colportage réussit, c'est qu'il satisfait aux besoins, c'est qu'il dispense le paysan d'aller aux magasins, c'est qu'il lui épargne un trajet, ou qu'il lui offre à meilleur marche. En fait d'industrie, il est ridicule de s'élever contre tout ce qui réussit. Il n'y a qu'à laisser la libre concurrence, et ce qui satisfait le mieux aux besoins de tous, est toujours ce qui est mieux accueilli. Au reste, ce n'est certainement pas le haut commerce, qui va faire la guerre à quelques malheureux colporteurs, vendant quelques fichus à nos paysannes; ce sont les grands propriétaires des conseils généraux qui se sont rappelés des griefs elevés l'année dernière contre la presse. On en veut aux colporteurs qui vendent des livres, et c'est contre ceux-là que se dirigent les réclamations contre le colportage. Assurément on ne fera pas valoir ici l'intérêt du grand commerce, car la grande librairie de Paris n'est pas jalouse du petit commerce des libraires étalagistes ou ambulans.

Parmi les vœux assez répétés se trouve aussi celui de restreindre les cafés et les jeux de billards dans les petites villes et les villages. Si c'est un vœu contre l'oisiveté ou le jeu, il est moral ; cependant il n'est peut-être pas assez calculé, car il vaut encore mieux le billard que le vin et les cartes ; mais si c'est un vœu contre la lecture des journaux , contre les rapprochemens d'esprit, contre les communications d'idées entre les citoyens , ce vœu nous semble beaucoup moins sage et moins fondé. Si mauvaise que soit la lecture , ne vaut-elle pas mieux que tous les délassemens ordinaires aux peuples qui ne lisent pas.

Au milieu de toutes les réclamations des conseils généraux, il y en a quelques-unes qui sont universelles, elles sont relatives aux routes. Parmi les départemens , les uns veulent qu'on renouvelle les essais à la Mac-Adam , les autres qu'on élargisse les jantes des roues, et qu'on multiplie les ponts à bascule ; les autres qu'on charge moins les voitures, et particulièrement les diligences ; les autres encore qu'on remplace par un autre moyen les prestations personnelles pour la réparation des chemins vicinaux , et qu'on établisse des cantonniers ; tous enfin s'occupent des routes , et cette unanimité de vœux relativement à cette matière indique un besoin certainement très-senti Il paraît en effet que la France a beaucoup à désirer sous ce rapport, et que les chemins vicinaux particulièrement sont dans un état déplorable. Ici il ne s'agit pas de prétentions dictées par l'intérêt individuel , il s'agit d'un cri universel de toutes les parties de la France. Souhaitons qu'il soit entendu , et que la législation puisse imaginer de meilleurs moyens que ceux qu'on a employés jusqu'ici.

Il est inutile d'ajouter que beaucoup de conseils généraux s'occupent de la presse. Ils demandent qu'on en réprime les excès. C'est sans doute l'avis de MM. les préfets ; mais l'expression même donne à penser. Réprimer les excès ce n'est pas les prévenir ; et certainement ils demandent que ce soit une loi qu'on substitue à la censure. Autrement leurs vœux ne signifieraient plus rien , puisqu'aujourd'hui les journaux ne peuvent plus ni bien faire ni mal faire. Au reste , il est un département qui demande expressément une loi de la presse en harmonie avec nos institutions.   (*Constitutionnel.*)

HAINE DES INSTITUTIONS.

La haine du régime des lois est le fond de toute la polémique ministérielle. Cette haine est aussi toute la censure. C'est l'âme de ce corps qui n'a point de tête, point d'yeux, point de voix, qui n'a que des mains pour recevoir des chaînes et en donner.

On demande quel autre sentiment qu'une aversion d'instinct pour l'ordre légal a pu présider à la condamnation de tout ce qui va suivre. Le *Constitutionnel* a été, depuis huit jours, mutilé d'une façon plus opiniâtre et plus imbécile que jamais. Le *Courrier français* attaqué par la *Quotidienne*, a tenté en vain de se défendre. On a voulu les punir d'avoir paru croire à ce cri du ministère : « combattez ! » ou bien le ministère est-il las d'hypocrisie ?

— M. Isambert signale sa présence à Marseille comme il l'a fait à Lyon, en éclairant les citoyens sur leurs droits et sur la manière de les exercer et de les défendre. De tels services sont ceux que la reconnaissance publique doit aujourd'hui le plus apprécier. La mission de la génération actuelle est de garantir sa liberté par les lois, comme celle de nos pères a été de protéger l'indépendance nationale par les armes. Ceux qui nous enseignent à entrer dans cette voie de l'égalité méritent bien et du trône et de la nation, dont les lois seules, les lois religieusement exécutées peuvent fonder l'alliance intime.

(Extrait du *Précurseur de Lyon* et du *Constitutionnel.*)

— Le premier qui se présentera sur la scène politique avec un système tout fait, ministre ou opposant, peu importe, s'il a le bonheur de rencontrer ce qui convient à la société, l'entraînera, la subjuguera d'autant plus facilement, qu'aujourd'hui elle ne tient à rien, parce qu'elle ne croit à rien.

(*Journal du Commerce.*)

—Les calamités accumulées depuis plusieurs années sur la Péninsule prêtaient une autorité assez imposante aux paroles de ceux qui , comme nous , n'ont cessé de dire qu'en dehors de l'ordre légal et des garanties politiques il n'y a pour les sociétés comme pour les gouvernemens , ni sécurité , ni repos , ni bonheur : si quelque chose pouvait mettre le sceau à nos doctrines et à nos conseils , ce sont les nouvelles catastrophes qui viennent de fondre sur un pays auquel il ne semblait manquer aucun désastre ; l'Espagne, long-temps tourmentée par de secrètes machinations , est devenue la proie de la guerre civile , et lors même qu'on parviendrait à étouffer promptement ces feux de discorde et de sédition , les cendres qu'ils laissent après eux ne peuvent qu'ajouter à la stérilité du sol , loin de le féconder.

Il semble que la situation actuelle de la Péninsule espagnole devrait du moins réduire au silence les partisans les plus enthousiastes du pouvoir absolu ; s'ils ne se résignent pas à confesser leurs erreurs, ils devraient du moins renoncer à les défendre ; on ne raisonne pas contre les faits : mais non , loin de s'avouer vaincus, ils chantent victoire ; la *Quotidienne* se croit en droit d'interpeller les journaux de l'opposition avec un accent de triomphe. Elle leur demande compte de *leurs déclamations* sur les prétendues maladies , sur les plaies imaginaires de l'Espagne ! Elle invoque avec une sorte d'extase les événemens même dont la Catalogne est aujourd'hui le théâtre. Elle montre l'Espagne *se relevant plus forte que jamais , sortant puissante de ses ruines*.

En vérité on a peine à comprendre que les illusions et le délire de l'esprit de parti puissent aller jusque-là. Une province entière est plongée dans la plus complète désorganisation ; des bandes d'insurgés tiennent la campagne et menacent tout un royaume ; le gouvernement, pour opposer une digue à la révolte , est contraint de rassembler péniblement le peu qui lui reste de ressources et de moyens de répression ; le souverain lui-même est réduit à tirer le glaive et à se montrer avec l'appareil de la force et de la vengeance ; ce sont là , suivant la *Quotidienne*, des symptômes de régénération et de puissance ! Jamais nous n'avons été si loin dans les sinistres prévisions que nous suggérait le spectacle de la Péninsule. Qu'y a-t-il donc au delà de la guerre civile dans la hiérarchie des calamités publiques ? Condamné à choisir entre ce fléau et la peste, le roi dont parle l'Ecriture opta pour la peste. (*Courrier français.*)

—La *Quotidienne* s'étend, aujourd'hui, sur le sort de l'Amérique et sur les malheurs qui l'affligent, depuis qu'elle s'est séparée de la mère-patrie. Voilà, dit-elle, les effets de la révolution. La guerre civile règne entre toutes les provinces, Bolivar menace le Nouveau-Monde d'une dictature; et loin de fournir, comme autrefois, de l'or à l'univers, le Mexique est embarrassé de trouver des fonds pour payer les emprunts.

Les maux qui accompagnent la liberté naissante ont toujours fourni de grands argumens à ses ennemis; cependant, avant d'employer ce genre d'argumens, ils devraient songer à ceux que fournit le pouvoir absolu. Que l'on compare l'état de l'Amérique, détachée de sa métropole et troublée par les agitations de la liberté, à celui de l'Espagne, qui n'est troublée que par les agitations du pouvoir absolu : lequel vaut mieux? Ce n'est plus certes l'esprit de liberté qui agite l'Espagne depuis trois ans; cependant de quel repos a-t-elle joui? Avant Villela et les *agraviados*, n'étaient-ce pas les Carlistes et Bessières? Le roi absolu y a-t-il été obéi, respecté un seul moment? Quand il ordonnait à ses généraux de respecter les frontières de Portugal, ceux-ci ne faisaient-ils pas le contraire? Quand il demandait de l'argent lui en donnait-on? Enfin, quand il a voulu emprunter, l'a-t-il pu du moins comme les états de l'Amérique. Trouble pour trouble, anarchie pour anarchie, misère pour misère, ne vaut-il pas tout autant la condition de l'Amérique que celle de l'Espagne?

L'Amérique est travaillée, il est vrai, de cruelles souffrances. Mais à quelle époque juge-t-on de son état? au moment où la guerre de l'indépendance est à peine achevée. Si on eût pris les États-Unis au moment où leur première lutte avec l'Angleterre venait de finir, lorsque le désordre régnait entre les provinces, lorsque le commerce était ruiné, et qu'une dette énorme ne laissait plus d'autre ressource que la banqueroute, qu'aurait-on dit des résultats de la liberté? Mais que l'on y regarde aujourd'hui, et, pour juger des effets de la liberté, que l'on prenne en considération une population doublée, un commerce immense et embarrassant tout le globe, une marine puissante et digne de rivaliser déjà avec la marine anglaise, un calme, une sagesse de gouvernement presque sans exemple, enfin une considération universelle chez toutes les nations. On confond toujours le régime de liberté avec les combats qu'il en coûte pour l'acquérir ; ce ne sont pas les provinces-unies, sortant toutes sanglantes des mains du duc d'Albe, ou les cantons suisses échappant à la domination de l'empereur, qu'il faut prendre pour exemple des effets de la liberté ; mais les Hollandais riches et respectés du monde entier sous leurs grands pensionnaires , et les Suisses estimés du continent, et s'enrichissant de leur neutralité sous le gouvernement fédératif.

L'Amérique est sans doute en souffrance. Des états que l'on croyait pouvoir former un ensemble se divisent, se brisent en petites fractions. La seule monarchie restée dans le Nouveau-Monde est en guerre avec une republique voisine pour une province contestée. Qu'y a-t-il là de si étonnant et de particulièrement propre à l'état d'indépendance où se trouve l'Amérique ? Ne dirait-on pas qu'il n'y a jamais eu de démembremens de province dans les monarchies de l'Europe ? Tout ce qui ne peut pas physiquement appartenir à un pays s'en détache tôt ou tard. Beaucoup de provinces américaines insurgées en même temps contre la métropole, et unies par une lutte commune, avaient cru pouvoir former un même état. Une expérience de quelques années leur prouve qu'une administration unique ne peut pas les régir ; que des intérêts divers, des distances trop grandes, des obstacles physiques s'y opposent ; eh bien ! elles cherchent à se détacher ; et comme la raison ne vient pas aux hommes à l'instant même où on leur donne certaines institutions, les Américains, au lieu de s'entendre sur l'organisation qui leur convient le mieux, vont combattre. Certainement ils combattront long-temps encore avant de s'être organisés conformément au sol qu'ils occupent, et d'avoir pris leur véritable assiette. Le travail intérieur n'est malheureusement pas fini, la nature ne donne rien gratuitement, elle fait tout acheter aux hommes ; l'expérience leur arrive au prix des fautes, la raison au prix des fautes ; le respect des droits reciproques au prix de combats affreux. Ils ne commencent à s'admettre les uns les autres que quand ils y ont été forcés par une résistance. Ainsi le monde s'avance à ses dépens ; c'est que la destinée de l'homme est forte et laborieuse ; ce n'est point un jeu d'enfant, ou une académie où l'on reçoit des leçons en paroles ; les leçons, on les reçoit des événemens ; ces leçons sont les maux qu'on éprouve pour avoir erré.

L'Amérique, qui donne de l'or à l'univers, ne peut plus, dit-on, payer ses dettes. Au moins elle les reconnaît, et comme le temps doit lui fournir un jour les moyens de les payer, les reconnaître, c'est beaucoup, c'est tout. L'Espagne n'en fait pas à beaucoup près autant. L'or que l'Amérique envoyait à une métropole sera échangé contre des produits, et au lieu d'enrichir une cour étrangère, payera ses dettes, ou alimentera ses finances. Si elle éprouve de l'embarras, ce n'est pas qu'elle soit moins riche ; c'est que l'administration à l'européenne n'y est pas encore assez bien établie, et que les moyens de percevoir l'impôt, de le faire arriver dans les caisses de l'état ne sont pas encore assez régulièrement organisés. Tout cela provient de la même cause ; l'enfance de ses institutions et de son état social. Quand elle échangera librement ses produits avec le monde entier, on jugera ce qu'elle a perdu à l'indépendance. L'Europe, dit-on, a perdu avec elle, et s'est fourvoyée en lui envoyant ses capitaux. Voilà une singulière conclusion. Le commerce européen a fait, comme les hommes font toujours ; au lieu de marcher, il s'est précipité. Sans connaître les besoins de l'Amérique, ses goûts, ses moyens d'échange, il l'a encombrée de ses produits. Tout n'a pu être ni agréé, ni payé.

Il y a eu crise ; mais pendant combien de temps ? Pendant un ou deux ans. Mais déjà tout reprend en Angleterre ; déjà les expéditions recommencent avec mesure, connaissance des besoins et à propos. Tout ne reprend pas aussi vite en France ; mais si on nous le permettait, nous dirions pourquoi ; et, d'ailleurs qu'on attende, on verra si l'Europe et l'Amérique se sont nuis beaucoup depuis l'indépendance de celle-ci. La mesure a manqué ; mais les hommes, que font-ils avec une mésuffisance ? Dans quelle carrière ne se précipitent-ils pas avec une ardeur indiscrète ? Mais après ce premier élan, ils se calment, reviennent et recommencent d'un pas plus égal. La liberté, le commerce, les sciences mêmes ne marchent que par crises.

Il faut donc attendre pour juger de la destinée de l'Amérique. Les agitations qu'elle éprouve lui sont communes avec la métropole. On jugera lesquelles sont les plus fécondes des agitations de la liberté ou de celles du pouvoir absolu.

(Constitutionnel.)

—Les événemens d'Amérique fournissent aujourd'hui à la Quotidienne le sujet d'un singulier article ; elle croit déjà voir les nouvelles républiques ravagées par la guerre civile, ou tombées sous le pouvoir d'un despote, et cette douce perspective la remplit d'une satisfaction qu'elle ne prend pas la peine de dissimuler. C'est que pour la Quotidienne, la paix et le bonheur des populations sont des choses de peu d'importance ; c'est le triomphe d'une opinion qui est tout, et tant que les anciennes colonies ne seront pas réduites sous le joug de la métropole, les plus grandes calamités qui pourraient les frapper ne seront considérées par la Quotidienne que comme d'heureux argumens à l'appui de sa logique. « Les prédictions du royalisme s'accomplissent sur le Nouveau-Monde, dit-elle ; depuis que ce malheureux pays s'est séparé de la mère patrie, les révolutions s'y succèdent et la misère est son partage. »

Certes le moment est bien choisi pour faire un pareil rapprochement ; l'Espagne est en effet assez heureuse, elle jouit d'une destinée assez prospère, d'une paix assez profonde pour que l'Amérique regrette amèrement de ne point partager son sort. Si quelque chose pouvait paraître plus étrange qu'un tel raisonnement, ce serait la confiance avec laquelle on ose le présenter à des lecteurs que l'on ne suppose pas entièrement privés du sens commun. Nous n'avons pas besoin de faire ici le tableau des calamités qui affligent l'Espagne ; ces calamités, dont nous gémissons et dont nous ne triomphons pas, frappent assez tous les yeux ; nous demandons seulement à tout homme de bonne foi, quel est celui des deux pays qui, depuis la séparation, a éprouvé le plus de désastres et de révolutions, qui a été le plus persécuté et le plus appauvri.

La Colombie, en effet, montre malheureusement encore quelques symptômes d'agitation ; la paix dont elle jouissait sous le gouvernement de Bolivar a été troublée pendant l'absence du libérateur, et il a trouvé à son retour du Pérou de nouveaux malheurs à réparer et de nouveaux devoirs à remplir. Appelé encore une fois par le vœu de la population à une présidence dont il redoutait le fardeau, il cherche les moyens de rendre à son pays cette paix qui jadis fut son ouvrage ; on dit qu'il a fait quelques démonstrations de dictature, rien encore ne le prouve, mais la *Quotidienne* devait accueillir avec empressement des bruits de ce genre sans s'informer de leur authenticité. Nous remarquerons qu'il faut se défier des nouvelles qui pourraient venir à cet égard de certaines parties de l'Amerique, où l'on a souvent montré des dispositions peu bienveillantes envers Bolivar. Nous attendrons les événemens pour avoir une opinion sur ce point ; mais ce qui n'est pas douteux, c'est le désintéressement de Bolivar, non pas seulement parce qu'il a été vanté par les feuilles liberales, comme dit la *Quotidienne*, mais parce qu'il est de notoriété publique que sa fortune assez considérable a été consacrée à la cause de l'independance, et qu'après plusieurs années de présidence, son patrimoine est réduit à fort peu de chose. Ce qui n'est pas douteux, c'est que pour rétablir la paix que son absence a troublée, il faut qu'il use de tous les moyens que peut lui fournir l'autorité constitutionnelle dont il est revêtu. S'il arrive que Bolivar soit forcé de tirer l'épée contre quelques Colombiens, ce sera un grand malheur sans doute ; mais hélas ! ce malheur-là qui n'est encore qu'éventuel en Colombie n'est que trop réel en Espagne, et c'est la *Quotidienne* elle-même qui nous dit, dans cet article où elle souhaite aux colonies le bonheur de la métropole, que « le souverain espagnol est allé à la rencontre des rebelles à cheval et l'épée à la main. »

Il n'y a pas moins de maladresse de la part du publiciste de la *Quotidienne* à amener le Mexique dans la question ; outre que cette contrée jouit en ce moment d'une tranquillité qui heureusement ne ressemble en rien à celle de l Espagne, le crédit du Mexique n'a certes rien à envier à celui de la métropole. « Le Mexique, dit la *Quotidienne*, cherche vainement des ressources pour acquitter ses emprunts ». Mais en supposant que cette contrée eprouve à cet égard quelques embarras passagers, la phrase de la *Quotidienne* prouve au moins que le Mexique a pu faire des emprunts, et il y a long-temps que c'est là une faculté que n'a plus la métropole.

Mais au reste la *Quotidienne* a pris son parti de tout admirer dans les pays qu'elle entoure de sa protection. A l'aspect de ces merveilleux événemens, ne se croirait-on pas transporté aux temps les plus brillans de la chevalerie espagnole?

Nous avouons que nous n'avons jamais cru que les temps de la chevalerie, soit poetiques assurément, fussent bien regrettables pour les peuples, et si maintenant « l'on se croit transporté en Espagne aux plus brillans de ces temps, » c'est pour nous un motif de les regretter moins encore. Permis à la *Quotidienne* d'admirer tout à son aise ces merveilleux événemens. Pour nous, nous souhaitons à l'Espagne moins de merveilles et un peu plus de bonheur.　　　　　(*Courrier français.*)

—Le monde, à l'exception de quelques hommes d'élite, est presque toujours sous la puissance des mots. *Démocrates, radicaux*, répètent sans cesse certains hommes importans, législateurs, publicistes, si par hasard leur oreille est frappée des expressions de liberté civile, d'égalité politique ; si quelqu'audacieux leur parle des droits des uns, des devoirs des autres Ose-t-on seulement penser que tout n'etait pas complétement admirable autrefois, et que tout n'est pas complétement detestable aujourd'hui, les mêmes juges vont s'irriter, et vous prodiguer ces épithètes de parti, qui coûtent si peu de chose, et qui ont si peu de sens. Telle est leur préoccupation que, sans nuance et sans distinction, ils proclament impies tous ceux qui ne partagent pas leurs opinions ultramontaines, athees ceux qui aiment et defendent la liberté des cultes, ennemis publics les esprits éclairés qui croient à leur siècle, ceux qui veulent des institutions autrement que sur le papier, des garanties sociales autre part que dans le bon plaisir des hommes.

D'un autre côté, quelques individus out accaparé le monopole d'une dénomination ; ils s'intitulent *royalistes* par privilége, sans permettre à personne de partager avec eux cette qualité. Leur demandez-vous quels sont leurs titres à cette distinction qu'ils réclament, ils vous offriront une profession de foi d'où il résulte que ce qu'ils pensent est précisément ce que les rois ne pensent plus ; que ce qu'ils veulent est ce dont les rois ne veulent plus ; que ce qu'ils regrettent est ce à quoi les princes ont renoncé. Les poussez-vous plus loin, essayant de leur faire entendre que le terme seul de royalistes est aussi vague que celui de royauté , et ne prend un sens positif que par l'adjectif qu'on y ajoute, ils s'abstiendront de vous répondre : se dire royalistes absolus , ils ne l'osent pas ; la locution de royaliste constitutionnel est un néologisme politique qui leur déplaît ; ils aiment mieux une dénomination indéterminée , qui s'applique également à la royauté espagnole et à la royauté française : retranchés derrière un mot qui n'a point de sens, ils ne se croient engagés à rien.

C'est ainsi que toutes les disputes sociales se déguisent sous un appareil de mots , c'est ainsi que la plupart des discussions ne sont qu'une vaine phraséologie. Malheureusement , comme les esprits réfléchis sont en minorité , ces mots , acceptés sans examen par le grand nombre , sont trop souvent pris pour des choses. On se querelle , on se bat pour eux ; l'abus des expressions de parti est écrit en caractères sanglans dans l'histoire. C'est avec des mots sur le sens desquels on ne s'accordait point, parce que le plus souvent ils n'en avaient aucun, que les intérêts les plus vils ont envenimé la plupart des querelles religieuses. Une dispute de mots mal compris a dressé plus d'un échafaud. La simple question de savoir si une phrase se trouvait ou ne se trouvait pas dans un livre ignoré , a renversé le docte édifice de Port-Royal. Que de calamités révolutionnaires n'ont pas eu d'autre prétexte! Unité , indivisibilité , ces deux termes ont servi de texte à l'accusation contre les girondins , et les ont conduits au supplice. Aujourd'hui, grâce au ciel, les logomachies n'entraînent plus de pareilles conséquences , sinon en Espagne, où la dénomination de franc-maçon est un arrêt de mort. Les mots toutefois ont gardé une grande puissance , et le charlatanisme politique en tire un merveilleux usage.

Les esprits sages vont au fond des choses ; l'apparence n'est rien pour eux ; et , quelque enveloppée qu'elle soit de ténèbres et de sophismes , ils jugent une situation pour ce qu'elle est. Ainsi , écartant les artifices de langage des partis , ils analysent la France, comme un banquier règle son livre de comptes. Qu'y trouvent-ils aujourd'hui? Une immense majorité de citoyens attachés à l'ordre, à la paix publique ; mais voulant fermement l'application et le développement des institutions constitutionnelles ; sollicitant des garanties pour leurs propriétés qu'ils améliorent, pour les produits de leur travail que leur industrie perfectionne. Ces citoyens ne veulent point de révolutions, comme certaines gens les en accusent, parce que, formant la principale masse des propriétaires, leur bien-être est attaché à l'ordre et a la stabilité. Ils chérissent le gouvernement représentatif, parce que ce gouvernement n'est pas seulement le plus digne d'une nation éclairée, mais parce qu'il est le plus solide de tous. C'est par abus de mots qu'à cette majorité active, laborieuse, aimant les lois, payant presque à elle seule un milliard d'impôts, on a donné le nom d'*opposition* ; elle n'est opposante qu'aux ennemis de la charte : elle n'est point un parti, elle est la nation, elle est la France même. C'est également par abus de mots que certains publicistes lui dénient le nom de *royaliste*, parce que d'autres la nomment *libérale* ; elle est à la fois l'un et l'autre; royaliste, parce qu'elle regarde la royauté constitutionnelle comme la sauvegarde de tous les droits ; libérale, parce qu'elle est sincèrement amie de la publicité qui éclaire le trône, et des lumières qui le font briller du plus vif éclat.

Voilà, quoi qu'on en dise, les choses telles qu'elles sont ; les voilà dégagées de l'appareil dont la mauvaise foi les environne. A côté de cette majorité industrieuse et puissante, se débat une minorité divisée en plusieurs partis, qui eux-mêmes se querellent souvent sans s'entendre. Cette minorité se compose des hommes qui n'ont point accepté le gouvernement constitutionnel, qui ne le souffrent que par l'espérance où ils sont de le voir bientôt détruit; de ceux qui, attachés à d'antiques intérêts, confondent dans le même arrêt de réprobation les amis de l'ordre légal et le roi-législateur qui s'est rendu à leur vœu, de ceux qui prétendent comprendre mieux la royauté que le prince même; qui, de tous les régimes préfèrent celui de l'Espagne ; de toutes les administrations, celle de M. Calomade. Elle se compose encore de quelques fanatiques intéressés qui voudraient soumettre le sceptre à la tiare; qui frémissent aux mots seuls d'eglise gallicane, auxquels l'aspect d'un ci-devant janséniste donne des convulsions. A la suite de ces détracteurs de leur siècle et de leurs concitoyens, marchent quelques jeunes gens ambitieux ou trompés, qui spéculent sur les génuflexions, et pour lesquels une opinion s'estime d'après les profits qu'elle rapporte. Tout cela prend le nom d'hommes religieux, d'hommes monarchiques ; tout cela s'escrime contre la raison, et salit du papier pour obscurcir le bon sens ; tout cela met la confusion des termes au nombre de ses moyens de succès, et s'efforce de donner des mots pour des choses. La raison obtient-elle un avantage, à les entendre, la révolution se réveille armée de ses insurrections et de ses échafauds ; une institution généreuse s'établit-elle, ils vocifèrent les mots de république, d'anarchie. Leur zèle ignorant ne pardonne ni aux succès de notre industrie, ni aux sentimens élevés de nos fabricans. Admirez l'adresse de leurs écrivains · leur talent consiste à détourner les esprits de toute idée utile, pour les ramener sur des choses frivoles. Lorsqu'il est question d'élections, ils s'appesantissent sur la girafe ; ils sacrifient les listes des jurés pour les visites des Osages. Ils n'ont point assez de regrets pour le temps où les citoyens, étrangers à toute idée de gouvernement, consumaient leurs journées à raisonner sur une mode, à disserter sur une sonate, et tout en se parant d'un zèle religieux, ils ne pensent qu'à ces époques de frivolité où la corruption morale descendait de la cour dans tous les rangs de la société. (*Constitutionnel.*)

Si la pensée veut se réfugier dans un simple emprunt à nos codes, on la poursuit dans cette citadelle, dans cet Ilion qu'on voudrait abattre. Chose curieuse ! il y a une nation au monde qui n'a point le droit de citer ses lois.

— Ce que l'on connaît souvent le moins bien en France, c'est le texte des lois qui nous régissent et auxquelles nous sommes forcés de nous soumettre. Il est une foule de personnes qui nous adressent chaque jour différentes questions sur la disposition de la loi en vertu de laquelle a été rendue l'ordonnance du 24 juin dernier. Nous croyons ne pouvoir mieux leur répondre qu'en publiant l'article même sur lequel cette ordonnance se fonde ·

Article 4 de la loi du 17 mars 1822.

« Si dans l'intervalle des sessions des chambres, des circonstances graves rendaient momentanément insuffisantes les mesures de garantie et de répression établie, les lois des 31 mars
1820 (1) et 26 juillet 1821 (2) pourront être remises immédiatement en vigueur, en vertu d'une ordonnance du roi, déli-
berée en conseil et contresignée par trois ministres.

» Cette disposition cessera de plein droit un mois après l'ou-
verture de la session des chambres, si pendant ce délai elle
n'a point été convertie en loi.

» Elle cessera pareillement de plein droit le jour où serait
publiée une ordonnance qui prononcerait la dissolution de la
chambre des députés. »   (*Courrier français.*)

POLÉMIQUE.

M. de Bonald est à l'index. Les ciseaux se retour-
nent dans ses mains, et commettent un suicide. Les
censeurs ne permettent pas qu'on annonce les œuvres
de leur chef, afin de ne pas permettre qu'on les rebute.
C'est là une dialectique nouvelle. Ce pontife qui,
ayant promis de confondre ses adversaires dans un
grand débat, leur paralysa la langue par un miracle,
était moins habile. En ce temps-là, on n'avait pas
inventé la censure.

— Le temps avance chaque jour la science du gouvernement
constitutionnel, mais il crée et n'ordonne pas ; les vérités
qu'il fait éclore sont éparses et confuses ; et la préoccupation
des intérêts du moment nous empêche d'apercevoir le fil qui

---

(1) Loi du 31 mars. « Art. 4 Il y aura à Paris, auprès de notre ministre
de l'intérieur, une commission chargée de l'examen préalable de tous les
journaux et écrits périodiques.

» Art 5. Cette commission se composera de douze censeurs, etc. »

(2) Loi du 26 juillet 1821 « Art. 2. Les dispositions de la loi du 31 mars
s'appliqueront à l'avenir à tous les journaux ou écrits périodiques, parais-
sant soit à jour fixe, soit irrégulièrement ou par livraisons, quel que soit
leur titre ou leur objet

les lie. De bons esprits sentaient depuis long-temps le besoin
de récapituler nos travaux, de recueillir les leçons que le nouveau régime sème sur sa route , et de poser la première pierre
de la science. C'est la tâche que vient d'entreprendre M. Hellot,
avocat à Lorient, dans ses *Essais sur le régime constitutionnel* ,
ou *Introduction à l'étude de la Charte* Il fait entrer pas à
pas dans la connaissance des hautes vérités sur lesquelles la
charte est assise, indique la différence précise qui sépare l'ancien du nouveau régime, quel caractère doit avoir celui ci
pour maintenir cette différence et conserver son immense su-
périorité. Les amis de la liberté aimeront à se convaincre que
notre révolution est autre chose qu'un changement de noms et
de formes , et que tant d'efforts et de malheurs avaient pour
cause et ont eu pour résultat un bien réel.   (*Ibid*).

Il vient de paraître , sur l'opposition et la liberté de la
presse , une brochure écrite par M. Bonald , l'un des chefs de
la censure. Cette nouvelle attaque ne serait pas généreuse ,
s'il n'était pas permis de la repousser ; et MM. les censeurs
manqueraient même d'esprit, s'ils nous interdisaient de répondre à l'un de leurs chefs.

Avant de réfuter plusieurs des erreurs de ce nouvel écrit,
on nous permettra d'en relever particulièrement une qui nous
a frappés , et qui nous semble grave sous le rapport des principes constitutionnels. Elle est relative à la chambre des pairs.
« Le gouvernement représentatif, dit M. de Bonald, présente
deux élémens en champ clos · c'est la royauté et la démocratie.
Le Roi et la pairie défendent la royauté ; la chambre des députés défend la démocratie. Dans cette lutte, la pairie doit toujours se ranger du côté de la royauté ; tout est perdu si elle se
range du côté de la démocratie. » M. de Bonald se résume même
de cette manière piquante : « Il vaut mieux à la pairie se tromper avec la royauté, qu'avoir raison avec la démocratie. »

D'abord , nous dirons à M. de Bonald que cette manière ab-
straite de présenter les choses est exagérée ; qu'il n'y a pas
la royauté pure d'un côté, et la démocratie pure de l'autre,
luttant corps à corps ; mais qu'il y a deux intérêts opposés,
tendant , l'un à augmenter l'action du pouvoir, l'autre à la li-
miter , et que la lutte de ces deux intérêts compose l'action , la

vie du corps politique. La pairie est placée, non point comme partie, mais comme arbitre dans cette lutte. Elle ne combat pas, elle juge au profit des institutions et dans l'intérêt de leur durée. L'essence de la pairie est l'esprit de conservation. Composée d'existences dont l'importance ancienne, ou nouvellement acquise, l'intéresse à la conservation de l'ordre de choses existant, elle est vouée à le défendre. Si cet ordre de choses ne pouvait être attaqué que par un seul côté, sans doute elle ne serait plus arbitre, elle serait partie, et son rôle serait de lutter toujours du même côté, et toujours contre le même adversaire. Mais s'il peut être attaqué de deux côtés, s'il peut l'être par le haut et le bas, alors son rôle est de prendre position au milieu, pour résister aux deux genres d'attaque auxquels il est exposé. Ce rôle est celui d'un tiers qui départage en se rangeant pour le parti le plus faible. C'est un véritable arbitrage.

Telle est la situation de la pairie dans un gouvernement représentatif. Pour la nier, il faudrait soutenir que jamais l'ordre de choses existant ne peut être compromis par la trop grande extension du pouvoir; or, c'est nier l'évidence que de contester le double danger qui menace un état représentatif. S'il y a double danger, la pairie doit donc se ranger tour à tour avec l'intérêt le plus faible contre l'intérêt le plus fort. C'est cette coalition alternative qui amène la solution pacifique des questions qui s'agitent dans le gouvernement représentatif. Si, comme M. de Bonald le veut, il y avait d'un côté la pairie et la royauté, indissolublement unies, et de l'autre la démocratie seule, formant deux camps toujours opposés, sans placer une puissance qui terminât la lutte par sa médiation, alors il ne resterait plus à ces deux camps qu'un combat à mort; mais te n'est pas le régime représentatif; il est, au contraire, une médiation organisée et confiée à l'aristocratie.

Du reste, le rôle que nous assignons ici à l'aristocratie est prouvé par les faits. La preuve qu'elle n'est pas plus l'alliée naturelle de la royauté que de la démocratie, c'est qu'elle a aussi souvent combattu l'une que l'autre. C'est toujours la puissance la plus dominante qu'elle a arrêté, parce que celle des deux qui viendrait à déborder l'emporterait elle-même. Il y

a deux états dans lesquels l'aristocratie n'est rien : c'est le des-
potisme et la démocratie. Dans l'un, le despote est tout; dans
l'autre, c'est le peuple. L'aristocratie est donc faite pour combattre ces deux termes extrêmes, et pour fixer les sociétes
dans un juste milieu. Aussi l'a-t-on vue tour à tour changer
de camp. Lorsqu'il y a quelques siècles, le tiers-état n'était
rien encore, et que l'élément démocratique était nul, elle faisait obstacle au pouvoir royal. Lorsque le tiers-état est devenu
riche, puissant et redoutable, elle s'est rangée du côté du
pouvoir royal.

La chose arrive toujours de même, une fois que ces luttes
sont organisees constitutionnellement. Dès que l'opposition
cesse d'être dans la chambre démocratique, elle se trouve
dans la chambre haute, parce qu'il faut qu'elle soit quelque
part, parce qu'il faut qu'il y ait obstacle à celui des res
sorts qui l'emporte sur les autres. Il n'y a donc aucun péril
pour la royauté dans les objections de la pairie; il y a au
contraire raison, mesure, esprit de conservation. Or, la conservation est l'intérêt commun. Sauver l'ordre des choses existant, même contre l'un de ceux qui le composent, est un
service rendu à tous. La royauté, l'aristocratie, la démocratie,
sont passagers sur un même vaisseau, ont un égal intérêt à son
salut, doivent les mêmes actions de grâce à celui des trois qui
empêche une mauvaise manœuvre.

M. de Bonald s'est donc mépris, à notre avis, sur le rôle de
la pairie. Elle ne doit pas faire face d'un seul côté, mais de
deux; elle ne doit pas avoir des objections contre un seul
système, mais contre deux, parce que la constitution lui en
donne deux à modérer.   (*Constitutionnel.*)

LIBRAIRIE. ANNONCES.

On va voir la différence de la situation de la librairie en France et à l'étranger ; on va aussi en voir
les causes. La censure peut bien masquer nos plaies,
mais non pas les guérir.

Le periode de temps qui s'est écoulé depuis la dernière Ex-

position n'a pas été très-favorable à la librairie. Cette branche
de commerce, qui tient au développement des facultés intellec-
tuelles et d'une foule de moyens et de matériaux industriels,
a été comprimée dans son essor, et il ne nous serait pas difficile d'expliquer les causes qui ne justifient que trop les plaintes
de nos libraires et de nos écrivains. Mais plus ces causes sont
générales, plus il est juste d'accorder une mention encoura-
geante et honorable à ceux dont le zèle, la persévérance et le
talent ont eu le bonheur d'en triompher. C'est de la difficulté
même des circonstances que nos estimables compatriotes reçoivent leurs plus beaux titres de gloire. Hâtons-nous d'ajouter
que le public a senti le prix de leurs efforts extraordinaires, et
que l'affluence des acheteurs en a été la récompense

(*Journal des Débats.*)

— On lit dans la *Gazette officielle des Pays-Bas* .

« Les grandes entreprises de librairie se succèdent dans notre ville avec une extrême rapidité. Nous avons sous les yeux
les deux premiers volumes, format in-32, imprimés avec cor-
rection et netteté, de la collection des romans de Pigault-Le-
brun. C'est à M. Playez que l'on doit l'heureuse idée de reproduire sous un format commode les œuvres d'un écrivain
dont il n'existait que deux éditions, l'une in 8°., trop coû-
teuse pour les lecteurs ordinaires; l'autre in-12, trop en des-
sous de l'état actuel de notre typographie. » (*Courrier français.*)

HISTOIRE. L'histoire est décidément proscrite, le
nom de Napoléon surtout ne peut plus être tracé
dans les feuilles publiques; et comme ce nom a rempli le monde, comme ce colosse s'élève au-devant
des siècles passés et les couvre de sa grande ombre,
prétendre le voiler à nos regards, c'est nous interdire
jusqu'à la distraction des souvenirs.

— *Campagnes de Napoléon*, telles qu'il les conçut et exe-
cuta, suivies de documens historiques et militaires, par Victor Maingarnault. Deux vol. in-8°. Prix, 13 fr., et 16 fr. 25 c.
par la poste. Chez Éverat, imprimeur-libraire, rue du Ca-

dran , n°. 16 ; Delaunay, libraire , Palais-Royal , galerie de bois, et chez Mongie.   (*Ibid.*)

Campagnes de Napoléon , par le colonel Maingarnaud.

On n'attribue pas en général autant d'importance à l'histoire militaire qu'elle en a réellement. Si elle est écrite scientifique-ment, elle semble purement réservée à instruire les militaires ; si elle est écrite avec éclat et d'une manière dramatique, elle ne semble destinée qu'à amuser les imaginations. Il résulte de la qu'on la regarde toujours ou comme technique, ou comme pu-rement pittoresque. Cependant il en est autrement, si on la con-sidère comme elle doit l'être. L'histoire de la guerre intéresse vi-vement la politique , si elle est prise d'un certain côté, fort im-portant et fort elevé Elle fait sentir en effet quelle est la situation géographique d'un pays par rapport à un autre , quelle est la force de cette situation , quels en sont les inconvéniens ou les avantages ; elle fait sentir la valeur d'un fleuve ou d'une chaîne de montagnes, comme frontière ; elle montre quels sont les avantages de l'organisation des masses, comment elle est possi-ble , à quelle condition elle s'obtient ou se perd ; comment on dirige les hommes, par quel secret on les remplit d'un certain esprit qui fait braver les fatigues et la mort ; comment l'esprit humain agit, se développe au milieu des dangers ; comment son action s'embarrasse ou s'exalte au contraire par l'émotion ; comment enfin , pour nous servir de l'expression d'un profond philosophe , les grandes âmes *subsistent au milieu de certaines extrémités.* Ainsi, faire apprécier la valeur du sol, révéler le secret de l'organisation des masses, et montrer le développe-ment de l'esprit humain dans les situations les plus critiques, tel doit être le résultat de l'histoire de la guerre bien présentée. C'est là ce qu'elle apprend dans les œuvres de César, de Fré-déric, de Dumouriez et de Bonaparte. Sous ce rapport, elle de-vient éminemment politique et philosophique.

Si l'on jette un coup d'œil sur l'ensemble de nos longues guerres pendant le quart de siècle écoulé, on voit que rien n'est plus instructif, sous le rapport de la haute politique. Notre pre-mier effort en effet tend à nous donner les Pays-Bas et la Savoi,

c'est-à-dire, à nous étendre jusqu'à nos parois naturelles, le
Rhin et les grandes Alpes. Maîtres, après trois ans de vicissi-
tudes, de ces deux frontières, nous restons toute l'année 1795
à batailler autour, sans pouvoir les franchir. En 1796, nous dé-
bordons en Allemagne et en Italie. Connaissant mal le théâtre
de la guerre en Allemagne, nous y pénétrons sans ensemble,
et nous sommes battus en détail Un jeune homme entreprenant
en Italie montre par un coup de maître comment il faut attaquer
les Piémontais combinés avec les Autrichiens Les uns voulant
garder le Piémont, les autres la Lombardie, tendent à se séparer. Il en profite, les sépare en effet, désarme les uns, puis court
après les autres, et les poursuit à travers la Lombardie. Il les
chasse de l'Italie, et, se plaçant au pied des Alpes du Tyrol,
attend leur retour. Profitant de ce qu'ils sont obligés de se diviser à travers les montagnes pour revenir, il les reçoit à tous
les débouchés, et les détruit successivement, à mesure qu'ils
en sortent; il fait cela pendant une année entière. La paix de
Campo-Formio termine la lutte.

Ces célèbres campagnes montrent l'importance de l'Italie entre la France et l'Autriche : c'est la belle esclave qu'elles se dis-
putent, et qui est le prix éternel de la victoire. Ces campagnes
montrent encore l'importance du Rhin, des Alpes, le rôle des
petits états de l'Allemagne et des états de l'Italie dans la politique européenne. En 1799, la guerre se rallume : le directoire
a commis la faute d'attenter à la neutralité suisse ; alors le théâtre de la guerre s'étend de l'Italie jusqu'en Hollande. La France,
qui n'a pas assez de troupes pour couvrir cette ligne, est battue
jusqu'à la célèbre victoire de Zurich. Aucune campagne ne fait
mieux ressortir quel est le rôle politique et militaire de la Suisse
en Europe. Placée au noyau des montagnes de notre continent,
elle y paraît destinée évidemment à être, par sa neutralité, un
obstacle entre toutes les ambitions.

En 1800, l'expérience nous a appris qu'il faut déboucher en
Allemagne sur une seule colonne, et marcher sur le Danube.
Moreau s'avance en Bavière. Bonaparte se jette à Marengo sur
les derrière de Mélas. D'admirables victoires amènent encore la
paix. En 1805, la guerre se rallume de nouveau La Russie entre
en lice, mais elle est éloignée. Napoléon ne songe plus à l'Italie :

vainqueur sur le Danube, l'Italie sera à lui. Il enveloppe Mack avant l'arrivée des Russes, et lui fait mettre bas les armes ; puis se jette au-devant des Russes et des restes autrichiens, et les anéantit à Austerlitz. La saison suivante, les Prussiens entrent en lice ; il se jette sur eux par un simple mouvement de flanc, et les détruit à Iéna, cette fois encore avant l'arrivée des Russes. Il court ensuite en Pologne au-devant des Russes, comme l'année d'auparavant il avait couru au-devant d'eux en Moravie. Eylau, Friedland et la paix de Tilsitt en sont la suite.

Ces campagnes ne montrent-elles pas la véritable route de France en Autriche, la situation de l'Autriche et de la Prusse, toujours tardivement secourues par la Russie, à cause de l'éloignement de cette dernière puissance? Quelle instruction pour la politique, pour la diplomatie, pour l'histoire! La campagne de Wagram, en 1809, l'empressement de l'Autriche à profiter de nos occupations en Espagne, ne prouvent-elles pas la profondeur des intérêts qui la divisent de la France? La descente des Anglais en Espagne et en Hollande ne prouve-t-elle pas encore où sont les champs de bataille entre les Anglais et nous.

Dans cette lutte si longue et si variée, on voit chaque puissance figurer avec ses intérêts et ses moyens ; on voit l'art de la guerre s'enrichir de tous les tributs des sciences, arriver à des théories positives, lumineuses, et recevoir les développemens que toutes les sciences reçoivent du temps et de l'expérience. On voit d'abord les armées s'attaquant à la fois sur tous les points et sans combinaison, se concentrant ensuite, agissant en masse sur des points choisis, frappant à propos et d'une manière décisive. On voit la guerre, comme une discussion bien conduite, se diriger vers la véritable question et la résoudre d'un seul coup, comme un mot termine souvent une controverse. On voit surtout le grand art d'organiser les masses d'hommes, et les faire agir à propos, finir par être impuissant contre deux obstacles invincibles : c'est l'espace en Russie, c'est la division des résistances en Espagne. En Russie, ces manœuvres de Marengo ou d'Ulm ne sont plus possibles dans des espaces sans bornes. En Espagne, nos belles masses ne trouvent plus de masses contraires pour résister, mais reçoivent la mort de derrière tous les rochers et les arbres. On voit, d'une part, la puissance

humaine expirer contre celle de la nature, et de l'autre l'art
de la force s'épuiser contre la persévérance d'un peuple qui
veut défendre son sol.

L'histoire militaire offre donc l'un des plus grands spectacles
que puisse souhaiter l'esprit humain. La politique, la diplomatie, la géographie, y trouvent une égale matière d'instruction.
Il vient de paraître un ouvrage écrit par l'un de nos plus vieux
militaires, c'est le colonel Maingarnaud, sur les campagnes de
Napoléon. Cet ouvrage présente d'une manière claire et précise l'histoire de nos guerres pendant un quart de siècle. L'auteur, sans s'embarrasser dans des détails trop techniques, expose
d'abord la pensée de chaque campagne, et puis la manière
dont cette pensée s'est accomplie sur le champ de bataille. Ce
récit est clair, intéressant, à la portée de tous les lecteurs,
et nous fait assister, en deux volumes seulement, aux prodi-
ges de la France pendant trente années. Le style est ce qu'il
doit être, dans un sujet qui tire toute sa grandeur de lui-
même; il est simple, coulant et rapide. Il est impossible d'ê-
tre initié en moins de paroles à l'histoire de ces longues guerres
qui ont décidé de notre destinée, et qui nous apprennent si
fortement quelle doit être la place et le rôle de chaque puissance sur le continent européen.

Voici des annonces qui ne rappelaient point le
géant dont la censure s'avise d'être jalouse :

— *Les Favorites des rois de France, depuis Agnès Sorel*, par
Châteauneuf. Seconde édition. 2 vol. in-12. Prix, 7 fr. A Pa-
ris, chez Jehenne, libraire, passage Feydeau, n. 6, et chez
Mongie.   (*Tous les journaux.*)

—La 12e. livraison de l'*Histoire des environs de Paris*, par
J.-A. Dulaure (tome VI, 2e. partie), vient d'être mise en
vente chez Guillaume, libraire-éditeur. Il ne reste plus à
paraître que deux livraisons formant le tome VII, qui com-
prendra notamment toute la route d'Orléans et pays circon-
voisins, et un dictionnaire alphabétique accompagné d'une
grande carte générale pour terminer l'ouvrage.

MÉDECINE. La littérature, la médecine même, n'ob-

tiennent point grâce. On veut interdire à la France
la parole et la pensée.

*Les Médecins français contemporains, par J.-L.-H. P***.*

C'est toujours une entreprise difficile et délicate de parler
des hommes vivans que la renommée, à tort ou à raison, expose
aux regards du public. La nation des poètes et des beaux esprits a une vieille réputation d'irascibilité qui n'est pas tout-à-
fait sans fondement, et l'on prétend que les médecins sont aussi,
sous ce rapport, de très-légitimes enfans d'Apollon. Accoutumés à une autorité sans contrôle sur leurs malades, ils souffrent,
dit-on, aussi difficilement la contradiction sur leurs livres que
sur leurs ordonnances, et l'auteur des *Médecins contemporains*
nous assure que la polémique médicale est la plus violente des
polémiques. Comment donc a-t-il abordé avec tant de confiance un sujet dont il prévoyait si bien tous les dangers?
N'aurait-on pas pu lui dire avec une apparence de raison de ne
pas troubler sans nécessité le repos de ceux qui jouissent en
paix de leur renommée, de laisser la gloire là où le hasard l'a
jetée , et les dignités là où la faveur les accumule parfois sans
trop de discernement; que le vrai mérite peut se passer de son
approbation, mais que la nullité a besoin de places, la médio-
crité d'intrigues, et la qualité des louanges.

Ces réflexions, l'auteur paraît les avoir faites d'avance, et il
a pris son parti. Aussi bien, ce serait donner une fausse idée
de son livre , que de le présenter comme une œuvre satirique.
La louange y occupe beaucoup plus de place que la critique, et
lorsque celle-ci se montre, c'est toujours sous les formes les plus
décentes et avec le langage le plus poli. Naguère, le scandale des
petites biographies n'obtint que le dégoût et le mépris des honnê-
tes gens. M. P. n'a pas à craindre une injurieuse comparaison. Les
détails concernant la vie privée n'entrent pour rien dans son ouvrage; il juge nos médecins non d'après leurs actions, mais d'après
leurs écrits et leurs titres publics Le premier personnage de
cette galerie est M. Broussais. On a beaucoup écrit pour et contre
le système de ce médecin ; mais nous ne croyons pas qu'on
puisse exposer avec plus de clarté les idées fondamentales de

ce système, et caractériser avec plus de justesse le génie de son fondateur. Eloges et critique, tout ici porte l'empreinte de la plus rare impartialité. M. P. apprécie les divers genres de mérite, comme un homme qui a fait une étude particulière de leurs ouvrages. Nous regrettons que la nature de ce journal ne nous permette pas d'entrer ici dans plus de détails. Nous nous bornerons à recommander la lecture de cette première livraison des *Médecins français contemporains* à tous ceux qui aiment à bien placer leur admiration. Ils trouveront la clarté du style unie à la vivacité de l'expression, la louange donnée sans flatterie, et la vérité dite sans aigreur.   (*Courrier français.*)

Politique. *Des jésuites par M. le baron d'Eckstein*. Cet écrit ne peut être annoncé, parce que le nom de la société ne peut être écrit. Il doit être lu de quiconque aime à méditer sur ces grands interêts ; il doit aussi être réfuté, l'être avec la même indépendance qui préside à sa rédaction. J'essaierai de remplir cette tâche. M. le baron d'Eckstein défend l'institut et son introduction en France ; mais il porte dans cette discussion une hauteur de sentimens et d'idées qu'on n'a point coutume de trouver dans les défenseurs de cette cause. M. de Bonald pourrait ne pas craindre la clarté du jour et le feu d'un débat, si, égal sûrement à tout le monde pour le talent, il l'était à M. d'Eckstein pour l'elévation des vues et la loyauté des argumens.

— *Petites provinciales politiques ; par Bousquet, avocat de l'Hérault.* Ces lettres, fort amères et fort courtes comme celles dont elles empruntent le nom, se recommandent par la verve et la franchise. Trois cahiers ont paru.

— *Des causes de notre barbarie, par M. Durant.* Le titre annonce un philanthrope de mauvaise humeur ; il épargne dans sa véhémente et spirituelle satire peu de nos établissemens. La facile soumission du public à tous les abus y est vertement tracée. Le XIXe. siècle, dit l'auteur, se laisse mener en lisière par la société qui lui dit : « Mon petit ami, vous » aurez le fouet, si vous faites mal. » — « Oui, ma » bonne, » répond le XIXe. siècle.

On regrette seulement que l'auteur ne respecte pas assez , peut-être , le goût et la propriété. Il est possible que dans les lois qui régissent l'une et l'autre , il y ait quelques barbaries ; mais celles-là sont anciennes : elles dureront long-temps , et les réformateurs utiles sont ceux qui , pour perfectionner l'édifice social , ne commencent pas par vouloir déplacer ses fondemens.

Relation du procès de l'abbé Contrafato. Cet écrit est rédigé avec décence. On peut le lire, on le doit, pour apprendre comment dans le siècle où nous sommes la chasteté publique est respectée par les plus habiles interprètes de la loi, par les plus jeunes défenseurs des intérets privés dans ces questions même où il y aurait une excuse pour qui écarterait ses voiles. On assure, au reste, que la mère de la victime a reçu injonction de payer les frais du procès ; c'est la mettre à l'amende pour la punir d'avoir voulu que sa fille et les lois fussent vengées.

Relation du procès de l'Iris. L'Iris est un journal qui au moment même des attaques dirigées contre la presse n'a pas craint de s'établir au cœur de la France, dans l'un des départemens le plus étrangers aux agitations de la politique, dans l'Indre enfin. Ce journal a eu mille combats à rendre avant d'éclore. Les presses de Châteauroux se sont refusées à tremper dans cette audace de Français osant écrire sous l'empire de la charte et avec la garantie de la censure. Les rédacteurs, dans leur zèle intrépide, sont allés chercher à Bourges une presse dévouée. On comprend comment il est facile d'écrire dans un département, d'imprimer dans un autre, d'être obligé de faire faire quarante lieues à des épreuves sur chaque coup de ciseau qu'il plaît à la censure de donner! L'Iris résistant à toutes ces entraves, un procès lui a été intenté sur une pointe d'épingle, pour la tuer. Mais là comme partout la magistrature a protégé la civilisation, la publicité, les franchises publiques, le bon droit; et la lecture des plaidoiries console de toutes les misères de notre administration idiote et oppressive, en faisant voir combien la diffusion du talent et des lumières fait de rapides progrès sous les auspices de cette administration ennemie.

VOLS ADMINISTRATIFS EN FAIT DE PROPRIÉTÉ POLITIQUE.

Tous les délits, toutes les hontes, doivent porter leurs noms; et une administration qui dérobe ou arrache aux citoyens leur droit de cité, doit être flétrie des mêmes dénominations que les coupables de tout autre larcin, en attendant que justice se fasse, et qu'elle reçoive les mêmes salaires.

Nombre d'électeurs, après avoir vu leurs noms inscrits sur les listes électorales, avec la cote exacte de leurs contributions, se sont abstenus de fournir leurs titres. D'un bout de la France à l'autre, ils ont été rayés au dernier jour; d'un bout de la France à l'autre, il y a eu forfaiture.

Les préfets sont tenus d'inscrire d'office. Leur unique excuse pour les omissions serait l'ignorance des titres de chacun. Cette ignorance, qui serait elle-même un tort, ne peut pas être alléguée ; car la première inscription, qui fait mention des impôts, est une preuve flagrante : le délit est patent.

Des noms, au contraire, dont aucun droit n'autorisait l'inscription, brillent sur les listes, et les préfets ne peuvent pas alléguer davantage cause d'ignorance ; car des citoyens ont, par acte authentique, dénoncé l'erreur, et l'erreur a été consacrée.

Ainsi, on sait que là sont des droits, et on les méconnaît ; on sait que là sont des faux, et on les maintient.

Une brochure, publiée encore dans le département de l'Indre, donne l'indication de tous les faux de ce genre, et des démarches tentées infructueusement pour en avoir justice. Les auteurs de ces démarches et de cet écrit n'ont pas perdu leurs soins ; ils ont mis en lumière les nouveaux droits du ministère à d'universels mépris, et la France sait rendre à chacun selon son droit.

M. Aroux, avocat de Rouen, qui s'est aussi dévoué dans la Seine-Inférieure, à servir de ses écrits et de ses soins la chose publique, me fait l'honneur de m'adresser les renseignemens qui suivent. Je me fais un devoir de les publier.

« Monsieur,

» Votre patriotisme vous a investi, aux yeux de tout ce qui pense en France, d'une magistrature à laquelle j'ai recours pour obtenir justice par la publicité d'un guet-apens administratif dont se trouvent victimes trente-quatre électeurs de ce département. Jusqu'au 27 septembre après midi , les pièces des électeurs qui ne pouvaient 'se rendre au chef-lieu pour justifier de leurs droits à être inscrits sur la liste du jury , avaient été reçues dans les bureaux de la Préfecture , sur la représentation d'une lettre missive ou d'un pouvoir sous seing privé , autorisant le porteur à en faire le dépôt. Le 27 , à deux heures , on vient nous annoncer au bureau (car vous savez, Monsieur, que nous avions formé à Rouen un bureau consultatif, correspondant avec des commissions semblables, organisées dans chaque chef-lieu d'arondissement, qui, à leur tour, avaient formé des comités cantonnaux, ayant au-dessous d'eux des agens communaux ;) on vient, disais-je, nous annoncer que la consigne est changée, et que des citoyens auxquels on avait demande, trois jours auparavant, la représentation d'une lettre ou d'un pouvoir sous seing, pour effectuer le dépôt dont ils avaient été chargés verbalement, sont de nouveau congedies, parce qu'il faut de plus maintenant que la signature des lettres ou pouvoirs soit visée par le maire de la commune, et la signature de celui-ci par le sous-préfet de l'arrondissement, M. le préfet ne pouvant pas connaître la signature de tous ses maires. Surpris autant qu'indigné de cette manœuvre , je me rends à la préfecture, et j'invite M. de Vanssay à recevoir, ainsi qu'on l'a fait jusqu'alors dans ses bureaux, les pièces que je lui présente. Je n'en puis pas tirer autre chose que ces mots · « J'ai « été trop bon jusqu'à présent, j'aurais pu exiger des procu- « rations notariées. » En vain, lui dis-je, que mieux aurait valu qu'il eût cette exigeance et qu'il la fît connaître dès le 1er. août ou seulement quinze jours à l'avance, qu'il aura l'air d'avoir tendu un piége aux électeurs; rien n'y fait, il a des ordres. Il était important de constater les droits des électeurs dont les titres étaient ainsi compromis, et de mettre le Préfet en demeure de recevoir les pièces dont ils avaient dû justifier dans le delai fixé par la loi ; je fis donc commettre un huissier par le président des vacations, et le 29 au matin je fis donner une première soumission au Préfet en ma présence ; procès-verbal fut dressé de son refus, et mention détaillée des pièces présentées fut faite par l'hussier en tête de sa soumission. Des nouvelles pièces étant arrivées, une seconde sommation lui fut donnée le même jour. Le lendemain dimanche, j'eus grand' peine à obtenir que le même huissier pût instrumenter un jour férié. Malgré toutes les mesures prises par la préfecture, j'y réussis; et pour la troisième fois, dimanche 3o septembre, à huit heures du soir, le Préfet fut sommé de recevoir les pièces de 3o électeurs, dont les pièces m'étaient arrivées dans la journée. Troisième procès-verbal fut alors dressé, mentionnant le refus, parce que les signatures des lettres et pouvoirs n'étaient pas visés des maires et sous-préfets. Ne voulant négliger aucun moyen d'obtenir justice, je rédigeai de suite une pétition qui ne produisit aucun résultat. La liste définitive a paru, et aucun des électeurs dont les pièces ont été refusées ne s'y trouve porté.

» Voilà, Monsieur, le guet-apens électoral dont je ne sais trop comment obtenir justice, autre que celle qu'il vous appartient d'en faire. J'ai l'intention de faire porter plainte au criminel, aux termes de l'art. 114, par les électeurs éliminés; il y a déni de justice administrative, il y a attentat aux droits civiques.

» Je joins à la pétition relative à cet attentat deux autres pétitions, la première, présentée le 24 et ayant pour objet de faire inscrire d'office sur la liste du jury les individus payant notoirement le cens requis, et de s'opposer à l'élimination sous arrêté de ceux qui, portés d'office sur la liste provisoire, n'auraient pas justifié de leurs contributions. Cette pétition fut suivie de deux autres s'y référant et chacune d'elles était accompagnée d'un état nominatif des électeurs signalés avec le lieu de leur domicile, la situation de leurs biens et le total présumé de leurs contributions. Le nombre en était de trois cents environ. M. le préfet ayant déclaré qu'il ne statuerait pas sur ces pétitions, parce qu'elles étaient collectives et concernaient des tiers, je rédigeai une seconde pétition que je lui présentai le 3o septembre et qui ne fut pas plus répondue que les précédentes.

» Vous voyez, monsieur, que le même système qui a présidé aux élections auxquelles nous devons la chambre actuelle des députés, a vicié l'exécution de la loi du 2 mai dernier. Comme en 1824, les chicanes les plus ridicules déshonorent les arrêtés de la préfecture. Ainsi l'un est rejeté, parce que veuf d'une première femme, qui par son contrat de mariage lui a assuré l'usufruit de ses biens, *il ne justifie pas qu'il n'a ni cédé ni abandonné cet usufrui*, un autre, parce que deux extraits qu'il a présentés au visa du maire, qui affirme avoir attesté la possession annale, ne constateraient pas cette possession. Un troisième est radié, parce que les extraits ne portent que les prénoms Jean-Baptiste et non celui de Victor ; parce que l'extrait le dit âgé de 50 ans et qu'il n'en a que 45, un quatrième, parce qu'il a loue ses maisons par bail de 50 ans, ce qui *paraîtrait* constituer une emphythéose ou une *cession d'usufruit*, et il y a stipulation de loyer. Je ne finirais pas si je voulais rapporter toutes les absurdités administratives.

    » Agréez, monsieur, etc.

              » AROUX, *avocat.*

»Rouen, 10 octobre 1827.

    » *P S.* Quinze ou vingt appels interjetés ici par des gendres contre des arrêtés qui leur refusent le bénéfice de délégation de veuves comme ayant des fils, quoique incapables, sont restés paralysés par le conflit, l'ordonnance royale et la décision du conseil-d'état qui au reste n'est pas encore connue officiellement.

    » Au moment où je termine cette lettre, déjà trop longue, on vient m'annoncer de nouvelles tracasseries : plusieurs electeurs, ayant justifié en temps utile, ont été rejetés, faute de justification suffisante ; aux termes de la circulaire même du ministre, en date du 29 juin, ils peuvent compléter leur production, et être portés sur la liste supplémentaire à afficher en cas d'election. Ils ont donc formé opposition à l'arrêté qui les rejette provisoirement ; mais il leur faut maintenant présenter dans une requête leurs moyens à l'appui. Cette requête, on en exige une double *sur papier timbré*, contrairement au texte précis de la loi ; encore ne sait-on si on la recevra Il faut présenter des extraits régularisés ; eh bien ! les percepteurs ont reçu ordre de ne pas délivrer d'extraits par duplicata ; on s'adresse à la mairie pour avoir au moins l'attestation de possession annale, on ne veut la donner que sur des extraits du rôle. Pendant toutes ces discussions, le temps s'écoule, peut-être traînera-t-on en longueur pour statuer, et le délai d'appel, au moins pour quelques-uns, que tant d'obstacles rebuteront, se trouvera passé; et pas une autorité à laquelle on puisse avoir recours avec quelque chance de succès! »

« Monsieur,

» J'appellerai votre attention sur un passage d'une circulaire de M. de Corbière, en date du 29 juin dernier, sur l'exécution de l'ordonnance royale du 27; circulaire dont vous ignorez peut-être l'existence, car je crois qu'elle n'a été imprimée que dans un petit ouvrage, intitulé *Guide des Jurés*, par M. Tougard, chez Baudouin frères, rue de Vaugirard.

» Voici les termes du dernier paragraphe de cette instruction ministérielle :

« Dans les opérations qu'à l'avenir les préfets feront tous les ans du 1er. au 30 sept. pour former de nouveau la liste générale, ils reproduiront *provisoirement* les inscriptions précédentes, sauf les radiations qui auront eté prononcées d'une année à l'autre, conformément à l'art. 5, et sauf tous retranchemens devant ultérieurement résulter de ces nouvelles operations, *pour lesquelles les préfets auront demandé* LES PRODUCTIONS NÉCESSAIRES, *afin de vérifier si les inscriptions ainsi reproduites* PROVISOIREMENT *conserveront les conditions légales, sans lesquelles* ELLES NE POURRAIENT ÊTRE MAINTENUES.

» Je ne sais si je me trompe, mais je vois là l'intention formellement manifestée de soumettre chaque année une certaine classe d'électeurs à toutes les tracasseries dont le législateur avait eu l'intention de les affranchir par la loi du 2 mai.

» Leur sort serait au contraire aggravé par cette loi qui les soumettrait annuellement à des démarches qu'ils n'avaient tout du moins qu'une fois à entreprendre en 5 ans sous l'empire de l'ancienne loi. Peut-être penserez-vous, Monsieur, qu'il importe de s'élever dès aujourd'hui contre une prétention aussi opposée à la volonté du législateur et à l'esprit de a loi

» Je vous serai obligé de vouloir bien m'accuser réception de ces deux envois, et de me mander si vous croyez utile que je continue de vous faire connaître à mesure les actes de l'administration qui me paraîtront en opposition avec les droits des citoyens, sauf à vous à juger des résultats que, dans l'intérêt général, on pourrait attendre de leur publicité.

» Agréez, monsieur, l'assurance de ma considération la plus distinguée.

» Aroux, avocat.

» Rouen, 17 oct. 1827.

» *P. S.* J'ai adressé le 11 déc. à M. de Corbière une lettre pour lui demander, avant de rien entreprendre judiciairement contre le préfet, s'il entendait ou non admettre sur le tableau de rectification à publier en cas d'élection, les 34 citoyens dont les pièces avaient été refusées arbitrairement, et dont la réclamation en temps utile a été constatée par procès-verbal. »

La question que soulève ici M. Aroux est grave Il est heureux qu'elle soit agitée. La chambre des pairs la jugera.

On voit que partout les préfets ont reçu, au dernier moment, des instructions pour tout tenter afin d'écarter la foule d'électeurs qui se pressait alors. C'est par des tours d'escamotage, par quelque chose de pis encore, par une sorte de brigandage administratif, que le ministère veut emporter sur la France dépouillée les sept ans de puissance qu'il espère. La censure a été surtout instituée pour protéger la naissance de ce nouveau règne. La fin et les moyens se valent : on ne sait quel sera le sucès de l'entreprise. Mais tant d'audace contre le droit, contre la probité, contre la morale, sera châtiée, ne fût-ce que par les jugemens de l'opinion et ceux de l'histoire. Pour employer l'expression

6

l'expression d'un député illustre, le ministère deviendra un pilori.

CONCLUSION.

Je m'arrête, et peut-être ce sera le dernier écrit que je doive me condamner à lancer contre le ministère et sa censure. L'indignation l'a tracé ; la faute n'en est pas à moi. Je m'étonne d'avoir à parler ainsi des conseillers de la couronne, et je m'en afflige plus encore. Mais ceux-là se sont placés en dehors des bienséances, qui se sont jetés hardiment en dehors de la probité !

On peut opprimer les peuples. Ce malheur s'est déjà vu et se verra encore, mais jusqu'ici on ne les insultait pas.

Braver la foi publique, outrager la morale, mettre les droits politiques au pillage, commander le silence dans l'intérêt d'un grand crime, calomnier tour à tour l'honneur, l'infortune, l'enfance, sabrer également la critique et la louange, interdire la simple mention du texte des lois, établir un tribunal qui frappe toute expression d'amour pour ce qu'il y a de plus saint parmi les hommes, les institutions de la patrie, ce sont là des scandales tels qu'il n'y en avait pas eu d'exemple encore dans l'histoire du monde.

Jamais ministres ne compromirent davantage le pouvoir dans l'estime des peuples ; et en considérant ce désordre, il est impossible aux hommes qui ont quelque prévoyance, à ceux qui voudraient que le pouvoir fût honoré, pour que l'obéissance restât douce et chère, pour que l'esprit de la liberté s'affermît sans

devenir destructeur, pour que l'ordre, la paix, la
charte, la royauté pussent prospérer ensemble, de
ne pas se rappeler avec effroi cette sentence du car-
dinal de Retz :

« Le mal n'est jamais à son période que quand
ceux qui commandent ont perdu la honte, parce que
c'est justement le moment dans lequel ceux qui
obéissent perdent le respect; et c'est dans ce moment
qu'on revient de la léthargie; mais par des convulsions. »

FIN.

TABLE DES MATIÈRES.

FIN DE LA TABLE.

9 782019 690595